幸せになれる
「心の法則」

岩崎 勇

九州大学名誉教授／大阪商業大学特任教授／岩崎人生哲学研究所所長

幻冬舎MC

幸せになれる「心の法則」

目　　　次

幸せで楽しい日々を送っていますか。

他の人に親切にしていますか。

そして、人生には「心の法則」があることに気づいていますか。

ちょっと深～い幸せのお話です。

本書を読んで一緒にハッピーになりましょう！

はじめに

「人生とは何のためにあるのか」。誰もが何度か考えたことがあるであろう。有名なメーテルリンクの小説『青い鳥』ではないが、一般的にいって、「人生とは幸せになるためにある」と考える人も多いと思われる。

　事実、あらゆるものは、数百万年にもわたるといわれる長い人類の進化向上のプロセスにおいて、平和と繁栄によって幸せになるためになされてきている。現代的にいえば、例えば、日常的な衣食住であるファッションなどの衣服、様々な嗜好を凝らした食事、そして便利で心地よい現代的な省エネ住宅なども、人々が幸せを追求して生み出してきたものである。さらに、例えば、スマホやiPS細胞を活用した最先端医療などの科学的な技術も同様である。

人々や企業の経済活動を考える経済学や経営学などでさえ、その最も基本には幸せの追求があるといえる。

このような状況の下において、本書の目的は、「人生の目的は、自己の進化向上[1]によって幸せになることである」という観点に立って、日々の生活において人が愛と心の豊かさ[2]を起点として考え、行動することによって幸せになることである。そして、幸せになるためには、「幸せになれるような生き方」が非常に大切である。このために、本書は、因果律や慈愛などの正しい心の法則を知り、それを日常的な習慣として実践し、それと調和した生き方をすることが幸せになるための王道であることを示している。

すなわち、本書は、単なる表面的でテクニカルなノウハウ本ではなく、法則に調和した生活をすることによって、真に安定的に幸せな人生を送るための心の法則について執筆されたものなので、どの時代（1000年後においても）・

---

[1]　人間性や心を高めること、また魂磨きと表現する人もある。
[2]　心の豊かさには、喜怒哀楽などのような種類の多さの側面（量的側面）と、心の広さの側面（質的側面）とがあり、ここでは、質的側面の意味で使用している。

どこの国・老若男女を問わず、通用する内容になっている。

　なお、本書は、長年にわたる九州大学大学院のコーポレート・ガバナンスについての授業やゼミ及びFM福岡のモーニングビジネススクール[3]やイブニングビジネススクールでの（平成最高の経営者[4]と呼ばれる）稲盛和夫氏[5]や（しばしば経営の神様と呼ばれた）松下幸之助氏の哲学に関する講義や講演内容を基礎としている。そして、本書において、稲盛和夫著『京セラフィロソフィ』サンマーク出版及び松下幸之助著『松下幸之助の哲学』PHP文庫からの引用は、頁数だけを示すことにする。

　また、本書の作成に当たり、浅井麻紀氏（編集部）には、編集全般について、四海雅子氏（九州大学ビジネス・スクール［QBS］のMBAホルダー）には、原稿の校正について、大変お世話になった。心から感謝を申し上げたい。

---

[3]　なお、関連する内容は、FM福岡で聞くことができる。

[4]　『PRESIDENT』2019年7月5日号、21頁。

[5]　稲盛和夫氏など本書で引用させて頂いた人々は、著者が心から尊敬している人々なので、本来敬称を付けるべきであると考えるけれども、一般の書籍と同様に、以下では敬称を省略させて頂いた。

第 1 章

幸福

1　幸福の意義 ————————————

（1）幸福の意義

　本書は自己の進化向上によって幸せになることを目指す
ものなので、ここではまず「幸せの意義」を明確にしてお
きたい。このために、その反対概念である「不幸」の概念
から考えていきたい。

　人生において、誰が考えてみても不幸であると一般に思
われるものには、「貧しさ、病気、戦争、苦しみ」があり、
これらは実存的な不幸である。すなわち、例えば、発展途
上国のストリート・チルドレンのように、貧しくてお金が
ほとんどなく、その日の食事などをやっと間に合わせるよ
うな状況においては、現在及び将来に対して経済的な不安
も多く、幸せとはいい難い状況であろう。また、病気、戦
争、悩みなどの苦しみがある場合にも、幸せとはいえない
であろう。

　このような不幸の反対の状況が幸せの基礎である。すな
わち、私達が「幸せ」であると感じるときは、一般に次の
ようなときである。

　まず、貧しくなく、「適度なお金」があれば、美しいファッションや美味しい食事、さらに太陽を一杯に受け、花々に囲まれた快適な家に住むことも可能であり、幸せも感じやすい。また、病気でなく、「健康」であるときに、人は幸せをしばしば感じる。元気でスポーツやレクリエーションをし、すっきり爽やかになったときや、ハイキングや登山をし、大自然に身を委ねているときは、自然と幸せを感じるものである。そして、「平和」で、悩みなどの苦しみのない「無苦」の状態であれば、自然に心は弾み、鼻歌が出てきそうである。

　このように、適度にお金があり、健康で、平和で苦しみのない状況は、確かに幸せの大きな前提であることは、間違いない。しかし、私達が最も幸せを感じるときは、例えば、美味しい食事をしているとき、よい仕事をやり遂げたとき、楽しいことをしているときなど、一般に満足したときや楽しいときである。すなわち、満足したときや楽しいときに幸せを感じる。なお、この満足感などは、極めて主観的なものであり、本人が満足し、心地よいと感じたとき

が幸せなときである、という性質を持っている。

　それゆえ、「幸せ」とは、一般的にいえば、適度にお金があり、健康で、平和で苦しみのない状況で、満足したり、楽しいときに主観的に感じられるものである。もちろん、病気であったり、お金がなくても、一定の満足感などの心地よさは得られる、ということはいうまでもない。ただし、幸せといっても、五感を中心とした肉体的な快感という感覚のレベルのもの（「肉体満足型幸福」）から、心のレベルのもの（「心満足型幸福」）、さらにスピリチュアルなレベルのもの（「魂満足型幸福」）まで様々なものがある。人生を通じて、できるだけ高いレベルのものをできるだけ多く感じたいものである。

（2）幸福度と理想の見極め

①　幸福度

　幸せを数値で測ろうとするとき、どのような「幸福度」が考えられるのであろうか。

　これに関して、図表１−１のように、一般的に「幸福

度」は、まず自己の主観的な期待としての「理想」の状態
を想定し、その理想に対する客観的な条件としての「現
実」の状態として表すことができる。そこでは、現実が理
想に近いほど、幸福度はより高いことを意味している。

図表1-1　幸福度の算式と理想の見極め

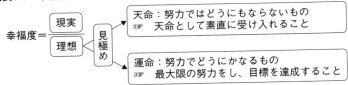

②　天命・運命・使命

　この場合に、「何を理想とするか」について、どのよう
な点に注意すべきであろうか。

　これに関して、注意すべき点は、図表１－１のように、
「天命と運命の区別」である。ここで「天命」（天から与え
られた命）とは、「宿命」（宿る命）とも呼ばれ、この大宇
宙の作用[6]の結果として生まれたときから先天的に天によっ

---

[6]　縁起の法の作用のこと。

て自己に与えられた命のことで、自己の努力ではどうにも
ならないもののことである。これには、例えば、サウジア
ラビア（地理的）に現在（時間的）王家（身分的）の王子
（性的）として生まれることなどがある。これは、自己の
努力ではどうにもならないことなので、天命として素直に
受け入れる[7]と同時に、理想や目標から外すことである。

　すなわち、天命というどうにもならないことに、いつま
でもこだわっていると、不満がつのり、消極的な感情の状
態なので、幸せになれない。天から与えられた現在の五体
や環境を甘受し、それを出発点として、未来の視点からす
べてのことを考え、行動していくことが大切である。つま
り、天命は、自己の使命を果たすために、天から与えられ
た個性や環境と考えて、それを楽しむ位の覚悟と気構えが
大切であろう。

　他方、「運命」（運ぶ命）とは、置かれた環境の下で、自
己の命を上手く運ぶということであり、その運び方によっ

---

[7]　このような諦念という解毒能力を磨くことが大切である。

12

て、コントロールすることが可能である。これには、例え
ば、社長になることなどがある。これは、努力によって達
成可能なものなので、未来の視点から夢や目標として設定
し、その達成のために、日々最大限の努力をし続けること
が望ましい。

　すなわち、運命とは、自ら切り拓くものである。この場
合、人生において天から与えられた社会へ貢献するための
任務や仕事が「使命」（ミッション）である。そして、こ
の使命感や夢こそが、人生で遭遇する困難や苦境を乗り越
えるために役立つ生きた糧となる。

第 2 章

人生における五つの重要事実と心の法則

1　人生における五つの重要事実 ——————

（1）人生の経糸と緯糸としての法則

　幸せな人生を送るための前提として、まず人生というドラマを織りなす経糸（縦軸）と緯糸（横軸）は、どのような法則から構成されているのであろうか。

　これに関して、例えば、稲盛和夫は、図表2－1のように、「人生を構成する要素としてまず運命があります。これが人生を貫く縦軸として存在し、人生は、運命という縦軸に沿って流れています。同時に、人生にはもう一つの要素が存在し、運命という縦軸に対して横軸を構成しています。それが『因果応報の法則』です。因果応報の法則とは、善いことをすれば、善い結果が生じ、悪いことをすれば悪い結果が生まれる。善因は善果を生み、悪因は悪果を生むという法則のことです[8]」と述べている。

---

[8]　稲森和夫［2014］『成功の要諦』136頁

図表2-1　人生の縦軸と横軸

縦軸：運命

横軸：因果応報の法則

　このように、縦軸が「運命」であり、横軸が「因果応報の法則」であるとしている。この場合、前者の運命に関して、まず「地球レベルという大きな運命のうねりがあり、次に国家、地方の運命があり、さらにその上を個々人の運命が漂い流れています[9]」としている。そして、両者の関係に関して、「実は因果応報の法則のほうが、少し力が強いのです。……運命は因果応報の法則に作用され、変わってくるものなのです[10]」とし、運命は変えられると述べている。

　この場合、人生の縦軸と横軸に関する法則というように、両者を法則で統一してみると、図表2−2のように、経糸（縦軸）に関する法則が、全体として物事を関係的に観る「縁起の法[11]」である。そして、これに基づき無限の縁起

---

[9]　同上書、142頁
[10]　同上書、142-143頁

の結果として現在目の前に生じているものが、運命を含む、自分を取り巻く「環境[12]」である。この場合、稲盛和夫のいう運命は、この中に完全に含まれる。それゆえ、両者をこのような法則という考え方で統一して見ることもできる。また、緯糸（横軸）に係る法則は、個別・各人別の「因果律（因果応報の法則）」である。すなわち、人生においては、自分の目の前に縁起の法によって生起された環境がその前提となり、それを前提として因果律に従って、どのような心を持ち、どのように生きるのかということが問われている、ということである。

---

[11] 存在に関する法則としての「縁起の法」とは、すべてのものは、（因と）縁（の相互関係）によって生じ、（因と）縁（の相互関係）によって滅する、というものである。それゆえ、これは、「甲があるから乙がある。甲がなければ乙はない、という法則」であり、例えば、両親があるから自分があり、両親がなければ、自分はない、というものである。すなわち、存在するものは、すべて相互依存関係にあるという真理である。この関係について自分は、例えば、空間的な縁起の観点からは、他の人、動植物、地域、国家、地球、宇宙と関係づけられ、他方、時間的な縁起の観点からは、両親、その先祖、哺乳類、魚類、単細胞生物などに遡ることによって無限の過去と関係づけることができ、これら全てが環境や運命となり、現在の自己に影響を及ぼしている。

[12] 政治経済社会などの外部環境ばかりでなく、性別、年齢、性格などの内部環境を含むものである。

図表2-2　人生の経糸と緯糸としての法則

```
                    ┌─────────────────────┐
                    │ 経糸：環境（縁起の法）│
                    └─────────────────────┘
        ┌──────────────┐        │
        │ 緯糸：因果律  │────────┼──────────────────────▶
        └──────────────┘        │
```

　つまり、自己に与えられた環境の下において、自分がどのような心を持ち、考え、行動していくかが人生そのものとなり、そこに因果律が働くこととなる。この場合注意すべきことは、因果律などの法則は、法則なので、人間に同情することなく、また人間の事情も全く考慮することなく、善因善果・悪因悪果という法則どおりの結果をもたらす、ということである。したがって、善い人生を送りたければ、常に善いことだけを考え、行動することである。

（2）人生における五つの重要事実

　このような状況の下において、次に、生きる意味やどのように人生を生きるべきかを考え、幸せな人生を送るための前提として、しっかりと自覚しておいた方がよいと思われる「人生における重要事実」には、どのようなものがあるのであろうか。

これには、周知のように、一般に図表2-3のようなものがある。

図表2-3　人生における五つの重要事実

①現在	人生で集中すべき時は常に現在だけであるということ	即今
②此処	人生で集中すべき場所は常にここだけであるということ	当処
③自分	人生の主人公はよく自己統制された自分だけであるということ	自己
④一回性	人生は一度限りで二度と繰り返せないということ	一度
⑤志（夢）	一度限りの人生においては、志や夢が決定的に重要であること	志

①　現在

　人生を生きる上でまず重要な事実は、人生は常に現在の連続体であり、人生を生きるのに集中すべき時は、いつも「現在」（「即今：right now」）だけである、ということである。人生は、命が生きていることそのものであると同時に、今の一瞬一瞬が命の輝きであり、人生そのものである。

つまり、時間の使い方が、命それゆえ人生の使い方である。そして、哲学的に最も重視される真理の一つが、「今という一瞬一瞬それに成り切って、その時にできる最善を尽して生きること、ないし今を完全に生き切ること[13]」である。人生において必要なものは既にすべて与えられており、後はいかにそれを有効かつ効率的に活用するか、ということだけである。そこで、「心の使い方」として、現在の環境を前提として、今というこの瞬間を、最善を尽くして大切に生きることである。実際の生活（real life）を、ベストを尽くして生きるという生き方は、禅の極意とも一致する。言い換えれば、図表2−4のように、心を現在のみに集中し、過去についての後悔や未来への不安などで、心を曇らせてはいけない、ということである。すなわち、過去を反省し、一つの貴重な経験とするが、悔やまずに過去を過去のものとし、未来について必要な準備は十分するけれども、心配することなく未来を未来のものとし（「前後裁断」し）、

---

[13]　心身を挙げてそれに打ち込むことである。

今という瞬間を充実させ、有意義なものとして生きること
である。

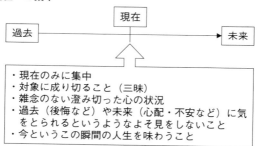

なお、この場合、注意すべきことは、「現在に集中する
といっても、肩を張って緊張してそれを行うのではない」
ということである。そうではなく、「肩の力を抜き、緊張
を解いて、ゆったりとした平常心という心地よい状態（「自
然体」）で、現在していることに集中すると同時に、それ
をワクワクしながら楽しむこと、すなわち、この瞬間の人
生を味わい、楽しむこと」が幸せに生きるための秘訣であ
る。

②　此処

　人生を生きる上で、次に重要な事実は、自分が活動している場所は、目の前の「此処」（「当処：right here」）だけである、ということである。すなわち、自己が活躍する場所は、グローバルな現代において、大いに変わる可能性はあるけれども、世界中どこにいても、常に自己に与えられたその場所[14]で、その環境を前提として精一杯生きなさいということに関しては、何も変わりがない。これを渡辺和子的に表現すれば、「置かれた場所で咲きなさい[15]」ということである。

　つまり、自分に与えられた現在の場所で、そこがどのように過酷な環境の下にあろうと、そこから逃げ出そうとするのではなく、その場所を最高の場所とし、感謝して、精一杯生きなさい、ということである。

---

[14]　遠くの場所ではなく、自分と日常的に関わり合う場所、すなわち自分が影響を受け、また影響を与えている場所こそ最も重要であり、「この場所で自分は生きて行くのだ」という覚悟をもって、真剣に生きて行くことが、成功や幸せに繋がる。

[15]　渡辺和子［2017］『置かれた場所で咲きなさい』幻冬舎文庫

③　自分

　人生において第３に重要な事実は、この人生を生きる主役は、よく調えられ、自己統制された「自分」（「自己：myself」）だけであるということ、すなわち、自己こそ自分の主である、ということである。つまり、人生を生きる上で、主役を演じるのは、世界に唯一（オンリー・ワン）で、個性的で尊い存在としての自分である、ということである。

　SMAPのヒット曲にも「世界に一つだけの花」という歌があるように、ユリはユリの花として、タンポポはタンポポの花として自分らしく精一杯咲けば良いのである。この場合、自己こそ自分の主であるので、頼れる主となるために、自己をよく調え、自己統制が十分にできていることが、その大前提となる。このように、調えられた自己に拠る場合には、他に依拠しないので、常に全く動揺することがない。

④　一回性

　誰でも十二分に知っているように、人生において最重要

で、かつ人生の最大の前提ともなる事実は、「人生は、一度限りであり、二度と繰り返せない」（「一回性」ないし「一度：only once」）[16] という事実である。この事実に基づき、反対に「一生の終わりを出発点として、そこから生きていることの貴重性を一段高い視点から見つめ直し、未来の視点から一回限りの人生において本当に何が大切なのか、ないし何をしたいのか（しなければならないのか）を考える」ことが大切である。この尊い人生を、幸せで生き甲斐あるものとしないと本当にもったいない。

⑤　志・夢

　この人生の一回性を本当に正しく自覚している人は、図表2-5のように、一般に「人生観」、「死生観」ないし「死生の哲学[17]」と、それに基づく歴史の一部となるよう

---

[16]　例えば、森信三の「人生二度なし」（森信三［2007］『修身教授録一日一言』致知出版社）などの考え方を参照されたい。

[17]　生まれたものは必ず亡くなる。この事実により、人生の全体的な把握ができ、大切な命を全うするために、生きていることの重要性や貴重性及び人生とは何か、ないし何のために生きるのか、ということが本当に自覚される。そして、自分がどのように自分の人生を送りたいのかないし送るべきかについての夢や志が明確に自覚でき、それに向かって信念を持って努力し、生き甲斐のある人生を送ることができる。

な「志」（ambition）や夢が確立し、この尊い人生を真剣に螺旋的に進化向上しながら生きていける人である。ここに志や夢の特徴として、一般に㋐少しレベルの高い普遍的な夢や目標[18]であること、㋑自我を超越し、世のため人のためという社会性や大義名分があること、及び㋒その実現のために、確固とした「信念」・「覚悟」を伴っていることが挙げられる。

図表2-5　人生の一回性と死生観に基づく志

人生の一回性	正しい死生観・使命感の確立	志の設定（ストーリー）	信念・覚悟のある努力	志の実現幸せ・成功

　この正しい死生観に基づく志や夢の確立は、自己の進化向上によって幸せになるために、長い人生において最も重要で、かつ最も大きな影響を及ぼすものの一つである。そして、その人の運命は、この志や夢を確立し、人生の焦点を志に合わせ、信念とワクワク感を持って一心不乱にそれを実行できるか否か[19]によって決まる、といっても過言で

---

[18]　自己の利害を超えた人類共通の目的のこと、例えば、社会の平和、幸福や繁栄のためなど。

はない。このように、志が生きて行くためのエネルギーと
なる。人生において志が最も重要なものの一つであり、心
で思ったとおりのものに人生はなっていく。それゆえ、ま
ず自分自身の内部に志という中心を確立し、内部から外部
をコントロールすることが大切である。すなわち、このよ
うな確固とした志を持つ人は、自己を取り巻く環境の支配
を受けず、それゆえ環境の奴隷[20]にならずに、自己が環境
の主人公となって、自己の人生をコントロールすること[21]
ができる。

　この志や夢があるか否かは、ちょうど「羅針盤を装備し
ている船」か否かにたとえられる。すなわち、もしこれが
ない場合には、人生の荒波にもまれ、ただ漂流する船のよ
うなものであるけれども、この羅針盤があれば、どのよう
な嵐が来ようとも、しっかり目的地にたどり着くことがで
きるのである。言いかえれば、例えば、インドのマハト

---

[19]　初志貫徹ができるか否かということ。

[20]　志や夢を達成するためには、生きる環境が厳しい程、自らの志を達成する炎をより
　　強く燃やさなければならない。

[21]　自己の運命の自己統制ができること。

マ・ガンジーのように、成功した人達は、高い志や夢を描き、信念を持って、それを実現させた人達である。どのような志を立て、それを信念として固く持ち続けることができるか否かによって、その人の人生が大きく変わってくる[22]。

このように、人生を生きる上で「現在」、「此処」、「自分」、「一回性」、「志」という五つの重要事実をはっきりと自覚して、確固たる志や夢を描いて、それを実現するために努力し、幸せな人生を送りたいものである。

2 心の状態

(1) 心の状態

前述の「現在に集中する」ということに関連して、「どのような心の状態」が幸せで成功[23]した人生を送るための前提となるのであろうか。

これについては、次のような二つの状態がある。

---

[22] 例えば、松下政経塾では、明確な「志の確立」を最重要項目の一つとして重視している（松下幸之助［1995］『君に志はあるか―松下政経塾　塾長問答集』PHP文庫）。

[23] 個人にとって行動したことは、自己が少しでも成長していれば、すべて成功である。

①　穏やかで心地よい状態

　まず第１に、図表２−６のように、日常生活と同様に、心が「穏やかで心地よい状態」であることが必要である。なぜならば、心がリラックスして、余分な力が入っていない「自然体」の状態において、疲れずに自己の本来の能力を十分に発揮することができるからである。例えば、スポーツなどで典型的に見られるように、勝とうとして力む_{りき}と、本来持っている実力を発揮できないと同時に、非常に疲れる。普段ならなんでもないことでも、オリンピックや優勝決定戦などにおいて、絶対に勝ちたい、勝たねばならないというプレッシャーから力んでしまい、勝てないという状況をよく見かける。

　すなわち、力は入れるものではなく、無心の自然体で、上手く働かせるものなのである。したがって、心の状態としては、外部の騒がしさに影響された異常な緊張、神経過敏、焦り、不安などがなく、自己の内部の安定的で静かさを保った「平常心」ないし「穏やかで心地よい心」の状態であること（自然体）が、幸せで、疲れずに、かつベスト

が尽くせる状態なのである。

図表2-6　理想的な心の状態

| 理想的な
心の状態 | ①安定し、穏やかで心地よい状態（平常心・自然体） |
| | ②澄み切って、現在のみに集中している状態。【三昧】成り切って
　心身を挙げて打ち込んでいる状態 |

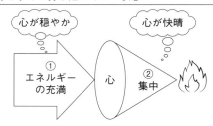

②　現在のみに集中

　第2に、幸せな人生を送るために必要なもう一つの心の状態が、「心を現在のことにのみ集中すること」である。すなわち、常に精神統一をし、神経が研ぎ澄まされ、心の中に、他の雑念や妄念という囚われがなく、澄み切った状態で、現在自分がしていることに心を向けている状態[24]である。言い換えれば、現在していることすなわち対象物を

---

[24]　すなわち、「散心」ではなく、「定心」の状態のことである。

自分の心の中に受け入れて、対象物と一体化し、三昧の境地となることである。その対象は、仕事でも、勉強でも、音楽でも、遊びでもなんでもよい。これは、例えば、ちょうど虫眼鏡で、太陽光を集めて、焦点が合って、火がつくのと同じ状態である。このような状態では、一般に楽しく、時間の経過も速く感じられ、しかもストレスがない。

　すなわち、過去についての後悔や未来への不安などの雑念がないと、心が自由になり、澄み切る。そして、この瞬間に集中して生きることができる。このように、「①心がリラックスした穏やかな平常心の状態（「自然体」）で、かつ②心に何の雑念という囚われもなく、澄み切った状態で、現在していることのみに集中し、この瞬間を味わいながら三昧の境地で物事に当たること」が、ストレスや疲れもなく、最も幸せで理想的な心の状態である。

（2）時間の使い方と資本・果実バランスの維持

　前述の「現在に集中する」ことに関連して、幸せな人生を送るために、どのような「時間の使い方」が理想的なも

のであろうか。

　それは、価値適合性や目的適合性という観点から、図表
２－７のように、自分の価値観や目的観のために重要なも
のを優先するという「重要性の原則」を守るという生き方
である。ここでの重要性は、社会的な側面においては、自
分に与えられた職務に対する重要性を考えると共に、私的
な側面においては、自分の夢の実現にとっての重要性を考
えて生活する、ということである。

　すなわち、後者の私的な側面に照らしていえば、自分が
夢を実現しながら幸せに生きるという果実を得るために必
要な、その元手（資本）となる自己の能力を普段の生活に
おいて磨き続けるために、時間を使うことである（「能力
開発への投資」）。人生においては、時間は限られているの
で、時間を使う項目について、価値判断として選択と集中
を行うことである。つまり、より重要性の高い項目により
多くの時間を投入し、日々自己の進化向上を目指したい。

図表2-7　時間の使い方：選択と集中

重要性	高い	読書、研修、自己学習、運動、ドキュメンタリーなどのTV	選択と集中：時間の投入
	中位		
	低い	低俗なTV、ゲーム、無駄話、目的のないメールなど	

（3）心や人間性の向上

　上述の心の状態や使い方と共に、その前提として、稲盛和夫が常に力説するように、自己の「心や人間性を高める」ことが大切である。すなわち、心や人間性は、お金で自由に買えるような物質的・経済的なものではなく、もっと崇高な精神的なものであり、心が浄化され、美しいことが大切である。この心を高めるためには、「心の栄養」として、例えば、世界偉人伝などのような良質の思想や哲学などの本を多く読むことや、多くの立派な人達と出会うことである。また、自分自身も他者から信頼され、尊敬されるような魅力のある人格や徳性を身につけるように常に努力し続けることである。そして、この徳性は、幸せな人生を送るための土台となる。

（4）理想的な生き方

　それでは、そのような心の状態の下で、どのような生き方が人生において「理想的な生き方」であろうか。

　それは、一般にいわれるような「太く短く」か「細く長く」か、というような二元論的な発想ではなく、図表２－８のように、もっと総合的で現実的な、「人生を太く、長く、広く、深くかつ幸せに生きる」というものであろう。すなわち、できるだけ健康で、仕事やレジャーなどもバリバリこなし、長生きをし、いろいろな人々と楽しく交流し、また様々な経験をし、人生にワクワクし、感動を深く味わい、そして「人生っていいな〜！」というような彩のある豊かで幸せな人生を送りたいものである。

図表2-8　理想的な生き方

3　心の法則

（1）心の法則

①　心の法則

　人生に重要な影響を及ぼす法則として、例えば、ニュートンの万有引力の法則のように、誰でも知っている自然現象に関する物理的な法則（「物的法則」）がある。この他に、あまり知られていないけれども、人々が知ると知らずに関わらず、心に関する法則（「心の法則」ないし「心的法則」）も確かに存在する。

　これに関して、例えば、『松下幸之助の哲学』では、このことが説明されている。そこでまず、彼の哲学の全体像を見てみることにする。すなわち、彼の哲学は、一般的な哲学者のそれと異なり、宇宙観（自然・宇宙）・人間観・人生観・社会観・政治観というように、宇宙観と政治観があるところに特徴がある。しかも、この宇宙観が中心となり、他のすべてのものと整合性を保っており、それゆえ、人生観などにブレがないところが特筆に値する。また、この宇宙観では、宇宙の法則から説き起こし、通常の「物的

法則」のみならず、哲学者があまり明言しない「心的法則」についても、同様に説明しているところが、松下哲学の真髄であろう。

この心の法則に関して、松下幸之助は、次のように述べている。すなわち、「宇宙の法則とは、宇宙根源の力が万物に働く法則であります。これは真理とも呼ばれるものでありますが、さらにこの法則は、実際にわれわれ人間と自然とに働きかけるとき、二つのかたちをとって現れてくる」。

つまり、「第一は、心の法則、あるいは心的法則ともいうべきもので、他の一つは、物の法則、物的法則というべきものであります」（39－40頁）。この場合、前者の「心的法則は、……人間の心の面に働きかけ」るものであり、後者の「物的法則は、物の面に働きかける法則で、……たとえば、ニュートンの万有引力」の法則などのようなものである（40頁）と述べている。

このように、「私たち人間と自然とは、この二つの法則によって生かされているのであ」り、しかも、この「法則は、人間がこれを意識すると否とにかかわらず、絶えず私

たちの上に働き掛けている」（40頁）と述べている。そして、この宇宙の法則の具体例として、例えば、物的法則であると同時に心的法則にも相当する「諸行無常」ということがあり、「諸行無常とは、万物流転、生成発展ということなのであります。……人間も、この自然の理法に従い、日に日に新たな営みを続けていかなければなりません。常に時に従い、創意と工夫を新たにして、日一日と生成発展の道を進まなければならないのであります。そこから限りのない繁栄、平和、幸福が生み出されてくる」（23頁）と述べている。すなわち、幸せになるためには、宇宙の法則の一つである諸行無常を生成発展と解して、日々創意と工夫をしながら生活することが、成功や幸せになるために必要であることを示している。

　それでは、幸せな人生を送るために必要な「心の法則」とは、具体的には、どのようなものであろうか。

　これに関して、多くの人は、このような法則が存在することに気づいたことも、考えたこともないのではないかと思われる。また、「もし本当にそのような法則が現実に存

在するのであれば、小中学校の義務教育でしっかり教えてくれればよいのに！」と思う人も多くいるであろう。本書においては、良くも悪くも、「心の姿勢」（posture of mind）が人生のすべてを支配し、造り出している（「一切唯心造^{ゆいしんぞう}」）、という立場を採用している。この場合、幸せな人生を送るための正しい心の姿勢を示すものが心の法則である。

つまり、「心の法則」とは、人生において生じるすべての現象の背後に存在している精神的な法則ないし真理のことである。これは目には見えないけれども、また自覚すると否とにかかわらず、確かに現実に存在し、人生において働いているものである[25]。このような心の法則に気づくためには、一般に深い瞑想^{めいそう}などを行うことが大切である。また、ここで非常に重要なことは、これは、不変の法則なの

---

[25] なお、目に見えないものは信じられないと思う人は、人間には心も感情もない、というのと同様なものであり、その存在自体に気づいていないだけである。例えば、稲盛和夫の著書の中で、「あらゆるもの—心にも、経営にも、人生にも、法則があります」（稲盛和夫［2014］前掲書、1頁）と述べている。さらに、松下幸之助も「物的法則」の他に、「心的法則」がある（153頁）と述べている。

で、普遍性があり、真理である。それゆえ、どのような民族にも、どのような宗教にも、どのような時代にも、また老若男女の別なく、共通的に適用されるという性質のものである、ということである。

　言い換えれば、法則なので、そこには人間的な同情や事情の配慮は一切なされない、という厳格な側面もあることを意味している。それゆえ、法則に正しく従い、それと調和して生きることこそが、幸せな人生を送るためには、如何なることよりも大切なことである。

　すなわち、このような根本原理としての法則に調和して生きれば、長期的な人生において幸せになれるし、成功もするけれども、反対にそれに従わず、それと調和を保つのでなければ、一時的には幸せや成功はするかもしれないけれども、長期的で持続的・安定的には幸せにも、成功もしないという性質のものである。

②　心の法則の種類

　次に、どのようなものが、幸せな人生を送るための「心の法則」なのであろうか。

これに関して、実は複雑多岐で長期にわたる人生において無数の法則が存在するといっても、過言ではない。しかし、それを一つ一つ挙げて説明していると限りがないので、本書では、最も基本的な、図表２－９のような十の最重要法則（因果律、健康、一切唯心造、自他一如、慈愛、感謝、本心良心、積極性、潜在意識、空の法則）だけを紹介したい。

図表2-9　心の法則

③　本書の立場

　本書で説明する心の法則に関する真偽の証明は、過去の長い人類の歴史を振り返れば、明白であり、繰り返し証明されてきている、というものである。すなわち、ここでは、「証明は事実を持って行う」という立場に立っている。言

い換えれば、ここで心の法則として示されているものに従って生きて、本当に幸せや成功が得られるか否かを、過去の歴史を見て、自主的・主体的・理性的に判断して欲しいということである。また、本書で説明する心の法則の内容は、後述のように、稲盛和夫や松下幸之助によって活用されてきたものである。

　なお、より具体的な実験は、「本書で書いてあることと全く反対のことを行って、長期的に幸せになれるか否かを試してみること」である。答えは、自ずから明白である。

（2）心の法則の体系図

　ここで紹介する心の法則は、「表面的な感情としての心」ではなく、すべて「深い理性としての心」に関連するものである。そして、良くも悪くも、心がその人の人生のすべてを支配し、造り出している。それゆえ、人生において心の姿勢が最も重要なものであり、この正しい心の姿勢の内容を示すものが、ここでの心の法則であるといえる。これらは、幸せな人生を送るために、最も基本的なものばかり

であるが、この中でも、すべての法則を包含する最重要な根本法則として、前述の「人生の緯糸{よこいと}としての法則」で説明したように、「因果律」がある。実は、「心の法則は、この因果律を正しく理解し、実践するだけで十分である」といえるくらい重要なものである。

　言い換えれば、人生を「因果律の心境で生きる」ことが最も大切である。他の法則は、これを各領域に細分化したに過ぎないものといえる。そして、それぞれの基本法則の下にさらに、細分化された法則があるという関係にある。それゆえ、心の法則の体系図は、図表2−10のようなピラミッド型になる。

図表2-10　心の法則の体系図

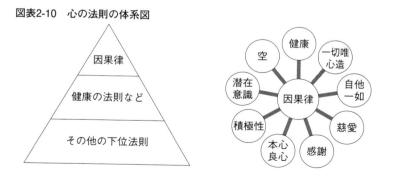

（3）心の法則の概要

　それでは、自己の進化向上によって人生を幸せに生きるための「心の法則」には、具体的にどのようなものがあるのであろうか。

　これに関して、心の法則の概要は、図表2－11のとおり

図表2-11　心の法則の概要

心の法則	摘　　要	概　　　　要
①因果律	最重要な包括法則	あらゆる現象に機能するもので、善因善果・悪因悪果を示すもの
②健康	人生の大前提	心身が健やかで良好であること
③一切唯心造	人生の決定	心の姿勢が人生のすべてを支配し、造り出しているということ
④自他一如	関係に対する理解	すべてのものは相互関係にあり、全体としては一体であるということ。慈愛・利他・和・シナジーの大元
⑤慈愛	動機・起点	無条件で無差別の大きな愛のこと：すべての思考や行動の動機とすべきもので、あらゆるものに対する万能薬
⑥感謝	幸せへの近道	すべての事象に感謝し、ポジティブに考え、行動すれば、幸せとなれるというもの
⑦本心良心	判断基準	思考や行動の正しい判断基準・羅針盤となるもの
⑧積極性	心身の姿勢	人生に対する正しい心身の明るくポジティブな姿勢・生き方を示すもの
⑨潜在意識	夢の実現	上手く活用すれば、心に思い描いたとおりに夢が実現するというもの
⑩空	苦しみの処理	苦しみには固定的な実体・自性がないという正しい考え方とその対処法を示すもの

である。

　①「因果律」は、心の法則のうちで最重要な根本法則であり、人生のみならず、あらゆる存在としての現象が説明できるものであり、善因善果・悪因悪果を示している。この因果律の心境で人生を生きることが、幸せで成功した人生を送るために、最も大切である。

　②「健康」は、心身が健やかで良好であることを示すものであり、人生を考える上で、最大の前提となるものであり、これが確保されなければ、他のすべてのものは無益となる。そして、健康な生存を前提とした日常生活においては、心の健康の方が、身体の健康よりもより重要である。

　③「一切唯心造」は、心の姿勢が人生のすべてを支配し、造り出している、という生き方の根本原理を示すものである。

　④「自他一如」は、人間や物事の関係についての正しい理解のために不可欠な考え方であり、すべてのものは、分離独立して別個に存在するものではなく、相互に密接に関連し、依存し合っており、全体としては一体の関係にある、

というものである。この考え方に基づいて考え、行動すれば、社会や環境まで含めて、調和のとれた、平和で、幸せな人生を過ごすことができる、というものである。そして、これから自然に湧き出てくるのが慈愛・利他（りた）・和・シナジーなどである。したがって、これは幸せや成功のためには非常に重要なものである。

　⑤「慈愛（じあい）」は、自己を取り巻く生物・無生物を含むすべてのものに対する最高の心の姿勢を示すものであり、無条件で無差別の大きな愛のことである。これが人生におけるあらゆる思考や行動の起点となった場合に、あらゆるものに対する万能薬となり、幸せや成功がもたらされる。

　⑥「感謝」は、人生において生じるすべての事象を未来の視点から意味のあるものと肯定し、それに感謝し、ポジティブに考え、行動すれば、成功し、幸せとなれる、というものである。

　⑦「本心良心」は、人生におけるすべての思考及び行動の正しい判断基準となるいわば羅針盤（らしんばん）のような重要な存在である。これに基づいてなされた判断や行動は、正しいも

のとなり、幸せや成功が導かれる。

　⑧「積極性」は、上述の「一切唯心造」の法則を、具体的に人生に適用した場合における人生に対する心身の正しい姿勢ないし生き方を示すものであり、完全に積極的に生きることが幸せや成功をもたらす、というものである。それゆえ、これは、幸せや成功のためには必須のものである。

　⑨「潜在意識」は、上述の「一切唯心造」の法則を、顕^{けん}在意識と潜在意識について意識的に活用するものであり、これを正しく活用すれば、心に思い描いたとおりに夢が実現するというものであり、幸せや成功の実現のための強力な源泉となる。それゆえ、これは、幸せや成功のためには必須のものである。

　最後に、⑩「空^{くう}」は、人生で日常的に経験する苦しみをどのように考え、また対処したらよいのかを示すものであり、消極的な感情としての苦しみは、一時的に現象として確かに現れているが、固定的な実体や自性はなく、それを自ら造り出しているというものである。

第3章

「心の法則」十箇条

1 因果律

（1）因果律の意義

① 因果律の意義

「因果律」とは、「因果応報の法則」とも呼ばれ、図表３−１のように、ある原因（因）とそれに関連する何らかの条件や環境（縁）とが結びついて、それらの相互作用によって、一定の結果（果）が生じる（「因縁生起」）という法則である。これは、第２章１で述べたように、「人生の緯糸（横軸）に関する法則」でもある。

図表3-1　因果律

これに関して、例えば、稲盛和夫は、まず「宇宙には、……『因果［応報］の法則』が厳然として存在しています[26]」と述べ、心の法則が存在することを明示している。この場

---

[26]　稲盛和夫［2019］『心。』サンマーク出版、73頁。

48

合、「因果応報の法則とは、善いことをすれば、よい結果が生じ、悪いことをすれば悪い結果が生まれる。善因は善果を生み、悪因は悪果を生むという法則のことです。善因悪因の『因』とは、自分が生きている間に思ったこと、行ったことです。自分自身が思い、考え、実行すること、それらが因、つまり原因となります。……そして、原因は必ず『結果』を生みます。……［この］因果応報の法則は、結果が出るまでには時間がかかることがあります。……しかし、二十年、三十年といった長いスパンで見ると、必ず因果応報の法則通りの結果になっています[27]」と述べ、長期的な視点で見れば、因果応報の法則は成立している、と考えている。

　このように、稲盛和夫のいう因果応報の法則は、善因善果・悪因悪果を示している。それゆえ、彼の人生の目的は、この因果応報の法則に従って、「『心を高める』ことです。『心を純化する』『心を浄化する』『人間性を高める』『人格

---

[27]　稲盛和夫［2014］前掲書、136-138頁。

を高める』。すべて同義語ですが、これらが人生の目的です。波乱万丈の人生で、さまざまな現象に遭遇し対処しながら、人間性を高め、自分自身の魂を磨いていく。……これをもっと具体的に言い換えると、世のため人のために尽くすことということになります[28]」。

　このように、彼の人生の目的は、因果応報の法則に従って、善いこと（すなわち、魂磨き）をすること、言い換えれば、生まれて来た時よりも、より磨かれ、清らかとなった魂となって旅立つこと、となっている。その手段として、日常生活やビジネスにおいて「利他行」を行うことであると考え、かつ実践して来ている。

　この「因果律」（因果応報の法則）は、稲盛和夫がいうように、宇宙の法則すなわち心の法則として確かに存在し、しかも心の法則のうち最も重要なものである。これは、物事を関係的に観るものであり、すべての存在や現象に働く法則を示すものでもある。

---

[28] 同上書、150頁。

　より具体的には、例えば、春に西瓜（すいか）の種を播（ま）き、芽を出し、葉を広げ、雨・栄養・気温・日光という環境[29]に恵まれて、夏[30]に大きな西瓜が育つというものであり、向日葵（ひまわり）の種を播けば、向日葵が育つというものである。反対に説明すれば、西瓜の種を播いても、向日葵の花は育たない。向日葵の花を見たければ、向日葵の種を播き、大切に育てることが必要である、ということである。それゆえ、これは、誰でもが納得する科学的な法則である。

　すなわち、これは、過去の考えや行動の結果が現在の状態であり、現在の考えや行動が将来の結果を造っていく、というものである。このように、この因果律は、幸せのために、現在ではなく、「常に未来の視点から現在すべきことを考える」ことの大切さを示している。

② 　因果律の根拠：現象と法則

　幸せな人生を送るためには、図表3－2のように、この世の中に生じている「現象の背後にある法則」を正しく理

---

[29] 空間的な縁起に属する。
[30] 時間的な縁起に属する。

解しておく必要がある。

図表3-2　現象と法則

表面	現象（関係的存在）
裏面 背後	（現象に働く法則） 縁起の法・因果律

　そして、因果律は、物事を関係的に観るものであり、どうして現在の現象が生じているのかを、その直接的な原因[31]（因）とそれを取り巻く条件としての間接的な原因[32]（縁）によって説明するものである。このように、すべての現象は、因と縁の相互作用によって起こり（「縁起」）、変化し、そして滅していく（「縁滅」）。

　なお、たとえその因は一つであったとしても、縁は通常複数あり、それらが複雑に絡み合って、全体的な結果としての現象を生じさせている。それゆえ、縁（条件や環境）の変化によって、結果も当然大きく変わってくる。例えば、同じH_2Oでも、現実の現象としては、その時々の縁に従っ

---

[31]　自分が直接的に影響を与えられる作用因のことである。
[32]　自分が直接的には影響を与えられない作用因のことである。

て、常温時では水に、100度で蒸発して水蒸気に、また氷点下では氷や雪というように、全く異なった形態のものに変化する、というようなものである。しかも、液体・気体・固体というように、一見全く異なった形態の現象として現われても、その実質はH_2Oということで変わりはなく、縁としての環境が異なっているだけである。

③　因果律の位置づけと機能

このように、因果律は、小学生でも知っているような極めて初歩的で基本的な法則であり、西洋でも東洋でも一般に受け入れられている極めて科学的なものでもある。と同時に、人生を支配する最重要な根本法則でもある。しかも、これは、普遍性があり、人生のみならず、あらゆる現象を説明することができる極めて適用領域の広いものでもある。

（2）因果律の内容

①　善因善果・悪因悪果と安心立命

この因果律を「哲学的・倫理的な観点」から説明すれば、どのようになるのであろうか。

これは、稲盛和夫の説明のように、「善因善果・悪因悪果」つまり善いことをすれば善い結果（「幸い」）に、悪いことをすれば悪い結果（「災い」）となり、現在の善悪という因の結果として将来において幸いないし災いという「果報・報い」を必ず受ける。言い換えれば、図表３－３のように、善い考えと行動が幸せで善い人生を、悪い考えと行動が不幸で悪い人生を造る、ということである。

　すなわち、これは、一般に「因果応報」、「自業自得」や「自己責任」として知られ、非常にプリミティブな基本法則であり、人生において最も重要なものである。このように、因果律に従い、これに調和して生きることは、単に「幸せになれ、成功する」というポジティブな側面のみならず、同時に犯罪などの悪いことを行わないことによって「自己の身を守る[33]」という健全性やリスク・マネジメント[34]の側面にも繋がっている。

---

[33]　護身や保身のこと。
[34]　ネガティブな結果の防止に役立つ。

図表3-3　善因善果・悪因悪果

善因善果	善いことをすれば善い結果	勧善
悪因悪果	悪いことをしなければ、悪いことは生じない	リスク・マネジメント

　それゆえ、現在の自分は、善くも悪くも、過去の自分の因縁の結果[35]であり、自分の責任である、ということを意味している。なお、ここで「善[36]」とは、本心良心から発せられる普遍的に誰から見ても正しいこと、公正なこと、優しいことや純粋なことであり、より具体的にいえば、例えば、自己本位ではなく、お互いに平和で、幸せに暮らせるように、他を思いやる心、優しい心などから行われるもののことである。

　なお、この因果律は、図表3－4のように、人生のすべての局面において未来の視点から明るく肯定的でポジティブ（積極的）に考え、行動すれば、明るく肯定的でポジティブ（積極的）な結果が得られ、反対に、暗く否定的で

---

[35]　自己の履歴書である。

[36]　松下幸之助によれば、社会全体の平和・幸福・繁栄（PHP）に貢献するものが善であり、これらを妨げるものが悪である（106頁）、としている。

ネガティブ（消極的）に考え、行動すれば、暗く否定的で
ネガティブ（消極的）な結果になるということ（「積因積
果・消因消果[37]」）でもある。稲盛和夫も「マイナスの考
え方で生きれば人生の結果もマイナスになる」（337頁）と
述べている。

図表3-4　積因積果・消因消果

積因積果	明るく肯定的で積極的に考え、行動すれば、明るく肯定的で積極的な結果
消因消果	暗く否定的で消極的に考え、行動すれば、暗く否定的で消極的な結果

この場合、稲盛和夫が「動機が善であり、私心がなけれ
ば結果は問う必要はありません。必ず成功するのです」
（365頁）、すなわち「利他の心をベースに、日々の生活の
中で、できうるかぎりの努力を重ねていく。そうすればか
ならずや運命は好転し、幸福な人生が訪れます[38]」と言う
ように、因果律を正しく理解し、行動する場合には、人生

---

[37]　これは、「積極因積極果・消極因消極果」の省略形である。
[38]　稲盛和夫［2019］前掲書、205頁。

は、自己の正しい夢や使命の達成を目指し、この因果律に従って生きればよく、自分の力で克服できないものは生じないという、未来に対する不安・心配・悩みが解消し、人生を安心して送れるという「安心立命[39]」の境地で送ることができよう。

それゆえ、日々の思いと行動は、種々の縁と結びつきながら、将来の原因となり、影がその人に従うように、自分の行為は必ず結果として自分に跳ね返ってくる。したがって、本当に幸せな人生を送りたいのであれば、日々慈愛の心を持って善意を動機とし考え、行動することによって、善根を積み、善い縁と出会うように心掛けることである。その結果は、必ず善いものとして現れるであろう。このように、善行は、正義や利他的な行動として具体化され、悪行は、不正や利己的な行動として具体化される。

なお、ここでの善悪の判断基準は、常識や規則というような外的で他律的なものではなく、より普遍的で本質的な、

---

[39] なお、安心立命のためには、この他に、後述の「六自力」、「六思力」及び「三断力」が必須である。

稲盛和夫のいう「人間として何が正しいか[40]」すなわち「本心良心」という内的で自律的なものであることが大切である。このように、生きていく上での善悪の判断基準が道徳や倫理である。また、その善い方の根本に深い理性としての本心良心がある。そして、幸せな人生を送るための秘訣は、いかなる時も、自他一如の観点から慈愛を起点とし、本心良心を判断基準として善いことだけを考え、行動することである[41]。

② 因果と因縁果

一見似ている「因果」と「因縁果」には、どのような違いがあるのであろうか。

これに関して、因果律は、ともするとその名前から因果が直接に対応しているかのような印象を受けるが、それは正しい解釈ではない。

---

[40] 稲盛和夫［2014］前掲書、63頁。
[41] したがって、ビジネスにおいても、判断基準は、自己や自社の損得ではなく、まず倫理的な善悪を基準とすべきである。

図表3-5　因果と因縁果

関　　　係	式	内　　　　容	具　体　例
因果の関係	因＝果	原因と結果が直接的に結びつく関係	雨＝湿度の上昇
因縁果の関係	因×縁＝果	原因と縁とが作用しあって間接的に結果に結びつく関係	因果律

　前者の「因果」は、図表３－５のように、「因＝果」という直接的な関係で示せるものである。例えば、雨が降れば、湿度が上がる、というような場合には、この関係が導ける。これは、形式論理学的な直接的な因果関係を意味している。他方、「因果律」の意味は、因縁果の関係、すなわち、直接的な因果関係ではなく、「因×縁＝果」という間接的な関係を示しており、原因と結果とは直接的には結び付いていない。そこには、縁すなわちその時の条件ないし環境が介入し、結果に大きな影響を与えている。例えば、受験勉強を頑張った（因）からといって、必ず志望大学に合格できる（果）とは、限らない。どれだけの受験倍率があるか（縁）によって、倍率がほとんどない場合には、容易に合格できるであろうが、反対に何十倍もの倍率がある場合には、かなり難しいであろう。

このように、人生では、縁の影響は極めて強力である。そこで、人生においては、自己の努力とともに、他の人々などとの縁を大切にすることが非常に重要である。

③　一期一会：縁の大切さ

　幸せになるために、どのように「縁を考え、取り扱って」いくべきなのであろうか。

　これに関して、この世の中は、全体的な観点からいえば、自分だけが分離独立して別個に存在しているのではなく、「関係的な存在」として様々な人々や環境に影響され、また影響しながら存在している、ということが事実である。人生とは様々な出来事や人々との出会いの連続である。その中で最も重視すべきものの一つが他の人々との不思議な縁であり、昔から「袖振り合うも多生の縁」、「一期一会」など様々なことが言われてきている。他の人とのワクワクした出会いや機縁を大切にし、それを逃さずに大きく育て（「縁の育成」）、その縁に従って生きたい[42]ものである。

---

[42]　これを随縁という。

　なお、人との「出会いを生かすためのルール」としては、まず相手の立場に立って、できる限り「よい答えをする」こと、また「頼まれごとは試されごと」と心得ること、そして、できない理由ではなく、どうすればそれができるのかを考え、できることから行動することが大切である。さらに、出会いが多く、他者からの頼まれごとが増えれば、増えるほど、運が良くなる。つまり、運は自ら変えられるし、このように引寄せ、切り拓くことができるものなのである。このように、「運がいい」とは、ここでいう「縁がいい」ということに言い換えられる。そして、このようなきっかけと運によって、多くの良い転機や機縁に恵まれることになるであろう。

④　時節因縁

　また、因果律に関連して、「時節因縁」があるが、どのような内容のものなのであろうか。

　これは、「因縁が熟す時がいつか必ずやってくる」という意味である。例えば、昔からの諺に、「石の上にも３年」というものがある。これは、最初はなかなか上手くいかな

いことでも、長い間色々と創意工夫をしながら努力すれば、上手くいくようになる、という意味で使われてきている。例えば、サッカーや野球などのスポーツでも、お茶やお花などの習い事でも、最初は上手くいかなくても、長い間色々と創意工夫をしながら努力を続ければ、きっと上手くなり、報われるであろう。反対に悪い方の例を挙げれば、空き巣やスリなどの犯罪も初めのうちは、捕まらないこともあるが、それを続けているうちに、因縁が熟して、結局最後には、逮捕されることとなる。

　すなわち、因果律は、縁として必要な状況や人間と出会う共時性（シンクロニシティ）を作り出していく力を持っている。このように、長い目で見れば、善因善果、悪因悪果は、一つの厳然たる法則として、現実に顕現（けんげん）しているのである。それをどこまで自覚し、生活の指針とするかが極めて重大な問題である。

⑤　因果一如

　この因果律は、時間との関連において、一般に原因と結果が異なった時期に生じること[43]を前提とした考え方である。これに関連して禅などで一般によく言われる「因果一（いんがいち）

如」があるが、どのような内容のものなのであろうか。

　これは、「時間との関連において、因果の結果を将来に期待しないで、現在をワクワクしながら楽しんでしまう[44]」ことをいう。

　これは、将来の目標を達成するための手段として現在を生きる、というような西洋的な考え方ではなく、非常に東洋的な考え方である。すなわち、これを諺的にいえば、「日々是好日」ということで、常に現在が最も魅力的であり、そこからワクワクするような喜びや満足を得るように、現在行っていることになり切って、それを最大限楽しむように心掛けることである。なお、ここで注意すべきことは、これは、「自分の好きな楽しいことをする」ということではなく、反対に、無頓着で、無邪気な子供がしている遊びのように、「することを楽しむ」ということである。つまり、自分に与えられた仕事や役割の中に興味を見出して、それを楽しむ[45]のである。

---

[43] 時間的な縁起といい、異時的なものである。
[44] これは、同時的なものである。

人生は、日々の積み重ねであり、西洋的な考え方に従って、ただ単に将来の目標を達成するための手段として現在を生きていたのでは、人生は楽しくない。そうではなく、人生に恋し、人生で生じることになり切り、日々の仕事などを粛々と楽しみ、今という瞬間を味わいながら生きるのが、東洋的な智慧(ちえ)である。ここに人生を楽しむコツが隠されており、このように、考え方一つを変えるだけで自分の住む世界を明るく、ポジティブで健康的なものへと変えることができる、という魔法の考え方である。

⑥　無位の真人

　このような仕事を楽しむことに関連して、「無位(むい)の真人(しん)(にん)」という考え方があるが、どのような内容のものなのであろうか。

　これは、行為の対象に関して、社会における肩書や基準を超えて、何ものにも囚(とら)われないで、真の自由人として、三昧(ざんまい)[46]の境地で物事に打ち込み、その行為に成り切って、

---

[45]　仕事は、それに真剣に向き合っていると、スキルなどが向上し、専門性などが他者から認められ、一般に段々とそれが楽しくなってくるものである。

それを楽しむ人のことである[47]。私達は、通常の社会生活を営んでいるので、何らかの役割が与えられている。そして、これらに従って日々の生活がなされている。このことだけであれば、特段仕事を楽しむことと何の関係もない。

このようなとき、与えられた仕事などが、たとえ自分の職位よりも低いようなものであったとしても、それを楽しんでしまう、ということである。すなわち、本来丸裸の人間には何の職位もないはずである。そこで、職位を全く気にせずに、あらゆる状況に対して、それに成り切って、楽しみながら柔軟に対処していくことが、東洋の智慧の一つである。例えば、会社から家に帰れば、社長や部長などの会社の職位は、家では全く通用しないのと同様である。東洋的な発想に基づいて、仕事などを楽しむ対象として捉え直し、今という瞬間を、ワクワク感を持って味わいながら、例えば、客から感謝され、それから喜びを得たいものであ

---

[46] 三昧の境地でものごとに打ち込み、それに成り切ると、ストレスがなくなる。

[47] これは、例えば、茶道の「一期一会」のように、肩書を超えた裸の心でのおもてなしや触れ合いなどに見られる。

る。日々の仕事などに興味を見出し、それを生き甲斐とし、楽しまなければ、一生楽しむ時がない。

2　健康

（1）健康の法則の意義

①　健康の法則の意義

「健康の法則」とは、人生において心身の健康は、最大の大前提となるものであり、心身が健やかで良好であることが、幸せや成功のために必須である、という法則である。

　この健康に関連して、例えば、松下幸之助は、人生における健康の位置づけに関して、「人生の目的を達成するための、いちばん基本となる条件は、健康にあります」。また、「病気は変則、健康が本来」である（202頁）としている。

　そして、「健康の原理」について、「人はみな本来健康なものであります。病気は、自然の理法にたがうところから起こってまいります」。「お互いに自然の理法を知ることに務め、自分の強さに応じた生活を営まなければなりません。それによって健康が保たれ、繁栄の道が開かれます」（201

頁）と述べている。さらに、健康を維持するためには、「人間が自然の理法にかなった生活さえすれば、健康を保持することができるようにちゃんと作られている」（203頁）とし、自然法則に従うことの大切さを力説している。

　松下幸之助の言葉を待つまでもなく、この心身の健康が確保されなければ、他のすべてのものは無益となり、幸せにもなれないし、成功もできない。すなわち、人生を楽しみ、幸せに送るために、健康であることが大前提となる。この健康には、心と身体（からだ）の二つの種類のものがあり、健康な生存を前提とした普段の日常生活においては、心の健康の方が身体の健康よりもより重要である。そして、大病などをせずに、心身とも健康に生きた場合、人間は生物学的に一般に120歳位まで長生きすることができるとされているので、少なくともその75％に当たる90歳位までは元気に活動したいものである[48]。このように、幸せな人生を送るために、健康の取扱いは、極めて重要である。

②　健康の重要性

　幸せな人生を送るために、どのように「健康を考えたら

よい」のであろうか。

　これに関して、誰でも知っているように、「人生において健康ほど重要なものはない」。健康を害してしまえば、すべてのものが無益となるであろう。このように、健康は人生を楽しみ幸せに送るための最大の大前提であり、生きる力の源泉である。ところが、知識としては、知っているが、現実に自覚している人は、どれだけいるだろうか。

　この本当の自覚度を判断するためには、例えば、日常的に身体を使って仕事をしていない人で、「定期的な運動」をしているか否かで、それを判断することができる。すなわち、定期的に運動をしていない人は、知識としては、健康は重要であると知っていながらも、それが、実際の生活の上では、自覚を伴った生きた本物の智慧となっていない人である。

48　健康長寿には、細胞レベルでは、染色体の末端部にあるテロメア（telomere）が関連しており、このテロメアの減少を遅くするのに、一般に瞑想、運動、（野菜中心の）食事などが有効であり、反対にストレスなどがその減少を加速するといわれている。

③　健康の2側面

　この場合、健康について、どのような「側面」に注意すべきであろうか。

　これに関して、健康というと、すぐに「身体の健康」を思い浮かべるのが一般的である。勿論、これを否定するものでは、全くない。

　この身体の健康とともに、あるいはそれ以上に大切なのが、図表4−1のように、「心の健康」である。人生においては、心がいつも明るく、穏やかで、強くて、尊いという健康な状況であると同時に、悪を嫌い、正義を愛する健全な精神を持つことが大切である。もし心が健康でない場合には、平時はともかく、逆境時には、心が折れてしまい、人生苦に打ちのめされ、自信と自尊心を打ち砕かれることにもなりかねない。反対に、心が健康であれば、普段の生活においていつも新しいことに好奇心を抱き、挑戦的になれる。また、様々な人生の逆境に陥った場合でさえ、心が健康で元気があれば、その逆境を乗り越えていける。それゆえ、常に文武両道的に心と身体の双方の健康に心掛けた

い。

図表4-1　健康の２側面

側　面	状　況	内　　　容	備　　　考
①心	挑戦的	新しいことに興味を持ち、積極的に挑戦していくこと 悪を嫌い、正義を愛する健全な精神を持つこと	常に穏やかに保つこと
②身体	訓練的	日々運動などを行って身体を鍛えること	常に小まめに動かすこと

　なお、「心は常日頃できる限り穏やかで、平安で心地よい状態に保つこと、他方、身体は、反対にできる限り小まめに動かすこと」に心掛けることが、健康の秘訣である。

④　日課としての散歩運動

　それでは、普段あまり運動していない人が、どのようにしたら運動の習慣づけ（「運動の習慣化」）をすることができるのであろうか。

　これに関して、本当に健康の重要性を理解し、自覚している人にお勧めの考え方が、「日課としての散歩運動」や「職業としての散歩運動」[49]というものである。つまり、日課や職業であれば、それを行わないわけにはいかないもの、

必須なものとして散歩や運動を考える。このような考え方ができるか否かが、単なる知識として一生を終わる人と、生きた本物の智慧として有効活用でき、健康で長生きする人との分かれ道（「運動習慣の分岐点」）である。なお、例えば、インド建国の父のマハトマ・ガンジーは散歩を習慣の一つとしていたといわれている。

　ただし、これを義務として嫌々ながらやるのではなく、反対に、生きる力が湧き、体力に自信が持て、健康的な生活ができ、貯筋や貯骨もでき、アンチ・エイジングにも効果があるなど、様々な良い結果が得られるので、日々貯金をし、それが増えるのを楽しみとするのと同様に、運動を自主的に楽しみとして行うことである。運動したことは、そのまま忠実に健康の増進として、かつ仕事などの効率を上昇させることとなって、すべて自分に返ってくる有難いものである。

　そして、認識している人は少ないと思われるけれども、

49　「ペットの餌やりとしての散歩運動」と呼んでもよい。

「年を取れば取るほど、反対に毎日の適切な運動が重要となる」。すなわち、単に生きられるから生きているという「高齢者<ruby>こうれいしゃ</ruby>」ではなく、運動によって元気溌剌<ruby>はつらつ</ruby>で自らの意志で生きていく「抗齢者<ruby>こうれいしゃ</ruby>」（抗加齢者[50]）になりたいものである。また、適度な運動は、神経細胞や脳内ネットワークを刺激し、認知症予防[51]にも有効である。そして、心身の姿勢も常に明るく上を向いて歩きたいものである。

　なお、身体に蓄積された体脂肪は、運動によって、まず内臓脂肪、そして次に皮下脂肪の順で減少させることができる。また、ミトコンドリアを活性化し、スタミナ（持久力）をつけ、やる気を高めるためには、例えば、普通歩きと早歩きを交互に行うインターバル運動が有効である。そして、適度のカロリー制限によって、空腹感を持たせ、長寿（サーチュイン）遺伝子を活性化し、長寿を目指すこともできる。

---

[50] アンチ・エイジングを心掛ける人のこと。
[51] なお、認知症予防のためには、運動の他に、一般に適切な睡眠、知的活動及び人とのコミュニケーションが有効であるといわれている。

⑤　自然物としての人間：自然法則に従うこと

　この健康を考える場合に、忘れてはならない重要なものの一つとして、「自然との関係」について、どのように考えれば良いのであろうか。

　これに関して、進化論的に考えても、また、生命約40億年ともいわれている歴史の中で、例えば、5000年前の人類の姿を思い起こしてみてもいえることは、人間は、自然が気の遠くなるような長い時間をかけて育て上げてきた自然物の一つで、生物の一員に過ぎない、という事実である。すなわち、人間は、自らの意志によって立派に「生きている」と同時に、その大前提として、大自然のほんの一部であり、自然の恵みによって「生かされている」ということもまた事実である。例えば、大自然の恵みである太陽、水、空気などどれ一つ欠けても生きていけない。

　言い換えれば、他の動物と全く同じ「生命の法則」の支配下にあり、空気を吸い、水や食料を摂取しなければ、生きていけない、という現実がある。別言すれば、大自然は人間がいなくても全く構わないけれども、人間は大自然が

なければ、生きていけない。つまり、大自然は人間の母であり、故郷でもある。それゆえ、大自然は癒し[52]の力を持ち、私たちは大自然に抱かれていると自然に幸せを感じるものである。この感覚は、例えば、花や観葉植物を部屋に飾ることによっても得られる。このように、人間は大自然によって「生かされている[53]」ということを大前提として、自らの意志で「生きている」のである。

　したがって、当然のこととしていえることは、人間が健康に生きるためには、松下幸之助が強調しているように、その根本的な「生存条件」としての「自然法則」に従い、自然と調和して生きることが必須である[54]、ということである。つまり、人間は、その生存条件としての自然法則に従えば、栄えるし、反対にそれに反すれば、長期的には生存それ自体が不可能となり、滅亡することは必然である。そして、不健康は、このような自然法則から外れ、それと

---

[52]　心身を正常な状態へ戻す働きによって、心身が心地よく落ち着くこと。
[53]　人間は、大自然から命を頂き「生かされている」と同時に、自己の意志で明るく楽しく積極的に「生きていくこと」が大切であろう。
[54]　中村天風［2006］『折れない心！』扶桑社、151頁を参照されたい。

不調和の状態になっていることから生じるものであり、自己がそのような状況を自ら造りだしている[55]といえる。それゆえ、「自然と調和した生活の賢さ」と「自然に逆らう生活の愚かさ」を素直に自覚すべきであろう。

　そして、健康にとって最も単純な自然法則に従うことの一つは、昼働き、夜安らかに眠ることである。この観点からすれば、夜更かしなどはよくない習慣である。この場合、体内時計やバイオリズムに従って、一般に５時間以上は、夜間に安心して熟睡し、質の高い睡眠を取ることが大切である。これによって、その日の活動で疲れ、消耗した心身を補修し、生命力としてのエネルギーを十分に補充し、回復することができる。それゆえ、もし心配などで熟睡できない場合には、必ず心身に悪い影響が出てくる。例えば、夜更かしをしたり、悩みごとで眠れない夜を過ごした翌日は、眠気がさして、仕事などに集中することができない、というようなことは、日常的によく経験することである。

---

[55] 自己造出している。

（2）身体の健康の４要素

① 身体の健康の４要素の概要

㋐ 身体の健康の４要素の概要

それでは、これほど重要な身体の健康について、自然法則に従ってそれを維持増進するためには、どのような「要素」が必要なのであろうか。

これに関して、自分の現在の身体の健康状態は、過去における考え方と行動の決算書である。現在の身体が健康で絶好調である人は、過去において明るくポジティブな考え方と適切な身体の健康管理を行ってきた人である。そして、数十兆個ともいわれる細胞から成る身体の「健康の３要素」として、一般に「食事、休養と運動」が挙げられることが多い。

すなわち、健康を維持するためには、適切なカロリーがあり、バランスのとれた食事をすること、睡眠や休息を含めて、適切に身体を休めること、及び適度な散歩やジョギングなどの運動を行うことである。しかも、これらすべてが適切であることが大切である。なお、この３要素を否定

するものではないが、さらにもう一つより重要なものがある。それは、後述の「病気と心の持ち方」のところで説明するように、例えば、「病は気から」とか、心身症などから理解できるように、心と身体は、一体であり、相互関連的なもの（心身一如）なので、見えない心の状態が、見える身体上に具体化してくる。それゆえ、心の健康が身体の健康の前提であり、かつより重要である。すなわち、明るくポジティブな心は生きる力の源である。このように、心が身体の健康に重要な影響を及ぼしている、という重要な事実の上から「健康の川上管理」として、まず「心の健康を保つ」ことが重要である。

　それゆえ、このメンタルの側面である「心の健康」を加えて、図表４－２のように、「身体の健康の４要素」（心の健康・食事・休養・運動）とするのが、自然法則的には正しい。

　これらの明るい精神状態と適切な食事・休養・運動という健康の４要素は、癒しの力をもち、生命力としての自然治癒力を高め、病気を予防し、また病気を早期に回復させ

る源となる。なお、自然治癒力は、基本的に免疫機能が上手く働くことと同時に、細胞の新旧の入れ換えに伴って、病的な状態から健康な状態へ転換させるものである。すなわち、病気や怪我などで傷んだ古い細胞と健康な新しい細胞とが交替[56]するという内部の生命力によって、健康を取り戻すのである。私たちの身体は、骨を含めて細胞レベルでは、数日間から数年間でほとんどのものが新しいものに入れ替わっている。

図表4-2　身体の健康の4要素

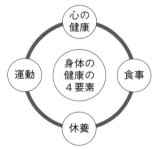

㋑　生存と生活のバランス

---

[56]　新陳代謝が行われる。

　このように、病気はこれらの「4要素のバランスが崩れたとき内側から生じるもの」であり、この観点から健康については、図表4-3のように、「生存と生活の適切なバランス」に心掛けたい。言うまでもなく、生存の方が生活より重要であり、大前提である[57]。それゆえ、本書では、「生存を生活よりも優先して健康を考える」という立場を採用している。

　この観点からは、例えば、「生活」（感情）を重視して美味しい肉を楽しくついつい食べ過ぎるとか、タバコをたくさん吸うという生活習慣は、「生存」（深い理性・真理）を脅かすこと（生活習慣病など）となる。すなわち、「真理は人間の感情などの甘えに全く同情せず、真理どおりの結果を導く」ということに特に注意したい。それゆえ、生活習慣病は、生活よりも生存を重視するという健康の法則からいえば、最も避けなければならないものである。この観点は、食事のみならず、休養、運動及び心の持ち方につい

---

[57]　中村天風［2006］前掲書、148頁。

ても全く同様である。

図表4-3　生存と生活の視点

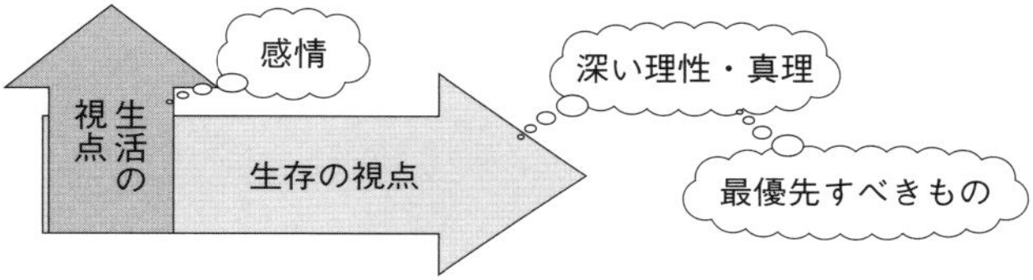

②　身体の健康の４要素

⑦　心の健康

　昔から「病は気から」というように、身体が健康であるためには、その大前提として、気すなわち心が健康でなければならない。なぜならば、例えば、緊張すれば、心臓がドキドキし、脈拍が多くなり、また腹を立てれば、血圧が上がることは、誰でも知っているように、感情という形で心に感じたことは、身体中を駆け巡り、直ちに生理的な反応を引きおこすからである。

　すなわち、心や感情というメンタルの状態が身体の状態に具体化する（「安危同一[58]」）。この場合、因果論的には「心が原因で、身体の症状は結果である」。そこで、この心

の健康のためには、後述の「積極性の意義」で説明するように、心の持ち方として、どのような状況にあろうとも、心だけはいつもポジティブな状態に保ち、ネガティブなことは考えない、ということが大切である。そして、図表4−4のように、いつも明るく、前向きで積極的な状態でいる、という心の健康を保つことである。つまり、心のレベルで病気にならないようにすることが重要である。このように、人生は身体で生きるものではなく、心を中心として生きるものである。

図表4-4　心の健康

心の健康	内　　　　容
心の持ち方	常に明るく積極的に
日常生活	楽しみや生き甲斐：キョウイク・キョウヨウによる社会参加と認知機能の維持向上

そして、日常生活においては、一般に言われているように、狭い自己の殻に閉じこまらず、「キョウイク」（今日行<ruby>きょうい<rt></rt></ruby>

58　これは、心身は一体であり、心が安らげば、身体も安らぎ、反対に、心が痛めば、身体も痛むという関係を示している。

く所があること）と「キョウヨウ」（今日用事があること）
によって、種々の出会いを求めて仕事、学校、趣味の会や
ボランティアなどの社会参加（「社会性」）を通して、心に
楽しみや生き甲斐などを持ちたいものである。と同時に、
記憶力や判断能力などの「認知機能」[59]を維持向上させる
ことが健康で長生きするためには大切である。

④　食事（栄養）

　食事（栄養）面では、次のように、「食べ物」と「食べ
方」の二つの側面があり、健康のためには、双方が重要で
ある。

（a）　食べ物

健康のためには、まず、「食べ物」に関して食を正すこ
とが大切である。そこで、人間の歯や腸などの身体的な特
徴から、人間は本来何を食物とする動物なのかを考える必
要がある。これに関して生物学的には、人間に近いチンパ
ンジー[60]などの食べ物を見れば明らかなように、人間は本

---

[59]　記憶、注意、言語、判断などの能力のこと。これが衰えるとボケた状態になる。

来果食動物であり、肉食動物ではない、といわれている。

それゆえ、このことに従えば、図表4-5のように、果物、野菜[61]や（未精白）穀物などを中心とした食事をすれば、健康に生きられるということである。したがって、高カロリーで高脂肪[62]の西洋的な過度の肉を中心とした食事は、健康のためには避けた方がよく、伝統的な和食の方が、西洋的な食事よりも、理にかなっている。このことは、わが国が世界的な長寿国の一つである、ということからも実証されている。

図表4-5　食物摂取の２側面

+	体に良いものを中心として摂取：果物・野菜など	過小を避ける	全体のバランスの維持
−	体に悪いものの排除：過度の塩分・脂分・肉など	過大を避ける	

---

[60] 面白いことに、普段あまり２足歩行しないチンパンジーであるが、両手に一杯果物を抱えて安全な所へ移動するときなどには、２足歩行することが知られている。

[61] 一般に、野菜を食べると、それに含まれるカリウムの作用で塩分が排泄されるといわれている。

[62] 油（脂肪）には、肉などの動物性食品に含まれる飽和脂肪酸と、野菜や魚などに含まれる不飽和脂肪酸とがある。そして、前者は体内で固まり易く、過剰に摂取すると生活習慣病の元となるのに対して、後者は、体内でも固まらず、生活習慣病を予防する働きがある、と一般にされている。

（b）　食べ方と歯磨き

　食べ物と同様に、「食べ方」も非常に重要である。すなわち、何を食べるかと共に、どのように食べるかということである。結論からいえば、第1に、食べ始めてから15分位たたないと満腹中枢が十分に働かないといわれているので、一遍（いっぺん）にドカ食いするのではなくて、ゆ〜くりと時間をかけて食べること、第2に、よく噛（か）んで食べるということであり、一般に20回から30回位よく噛（か）んでから呑み込むと良いといわれている。また、一般に噛んでいるときに出てくる「唾液（だえき）は万病の薬である」ともいわれている。

　さらに、食後は30分以内に必ず歯磨きをするという習慣を身に付けよう。十分な歯磨きをしないために、虫歯や歯槽膿漏（そうのうろう）で歯が失われると、上手く食べ物が噛（か）み砕（くだ）けず、胃などに負担をかけることになるし、そもそも食事などを楽しめなくなる可能性もある。80歳まで少なくとも20本以上は自分の健康な歯を保ちたいものである。また、夕食は、遅くとも寝る前の2時間以上前に済ませ、寝るときに胃が休まる状態を作りたい。

⑦ 休養

　健康にとって適切な「休養」は必須である。これは、例えば、不眠不休で全く休養を取らなければ、数日で命が持たなくなる、といわれていることからも理解できる。それゆえ、健康のためには、休養の取り方を正すことが大切であり、休養にとって重要なことは、無理に働き過ぎず、適度の睡眠や休息をとることである。睡眠は、身体の休養や新陳代謝のために必須である[63]。

⑧ 運動

　健康のためには、運動の習慣を正すことが大切である。まず、運動には、ジョギングなどの有酸素運動と筋力を維持向上させる筋力トレーニングなどの無酸素運動の二つがあり、両者を適度に行うことが大切である。すなわち、毎日に30分以上は、散歩[64]、体操、ジョギングなどの有酸素運動によって柔軟性・持久力（スタミナ）を付ける運動を行って、身体を少しずつ鍛え上げることが大切である。例

---

[63]　睡眠不足は心身の機能を低下させ、認知症などの原因になるといわれている。
[64]　歩く速さや筋力の強さで、ある程度余命がわかることが一般に知られている。

えば、肩こりなどは、筋肉を覆っている筋膜（ファシア：ボディスーツに当たるもの）のしわが原因ともいわれ、これを解消するためには、ストレッチなどの柔軟体操が効果的である、といわれている。

　また、周知のとおり、筋肉には、例えば、ゆっくり歩くというような長い時間力を出し続ける遅筋（ちきん）と、力仕事や瞬発力などに係る速筋（そっきん）がある。遅筋は生涯にわたりあまり衰えないが、速筋はトレーニングをしないと段々と衰えてくる。つまり、これを鍛えてやる必要がある。筋肉は、過剰補償の原則に基づいて、筋肉トレーニングをすることによって、その強さを増強させることができる。それゆえ、徐々にトレーニングを強くすることによって、身体を少しずつ鍛え上げることができる。しかも、一般に身体をよく動かす人ほど、幸せをより感じる、といわれている。

　このように、真の健康と幸せは、心の安静を保つと共に、手足を中心として身体を適度に小まめに動かすことからもたらされる。また、「御身体を大切に！」ということの本当の意味は、身体を気遣（きづか）って何もしないことではなく、逆

に、「身体を適度に動かしてやる」ことを意味する。

（3）病気と心の持ち方

① 病気と心の持ち方

　幸せになるために、病気中に、どのような「心の持ち方」が大切なのであろうか。

　これに関して、長い人生のうちには、何度か病気になることもある。軽い風邪から重いものまでいろいろなものがあるが、できるだけかからないに越したことはない。ここで注意したいのが、幸せでいるためにも、病気を早く治すためにも、「病気は病気として、心までも患わせないこと、すなわち心労をしないこと」が大切である[65]。むしろ反対に、病気のときほど、心は元気な状態を保つことが、自然治癒力を高め、自ら病気を早く治すというセルフ・メディケーション[66]や幸せのためにも大切である。

---

[65]　中村天風［2006］前掲書、116頁。
[66]　これは、ポジティブな考え方や正しい生活習慣・休養・食事・運動によって自然治癒力を高めることによって自分で自分の病気を治すことである。

②　老人という名前の虚妄性と実体化[67]

　健康に関連して、「名前や考え方に影響された内的な心的態度が外的で具体的な現象として実体化する」ということがいわれている。これは、どのようなことなのであろうか。

　これは、本来名前や言葉で認識する通りに、物事は存在せず、そこに実体はないのにもかかわらず、名前が意味づけを与え、その名前に対応する心的態度を造りだし、その心的態度が、次第にその名前にエネルギーを与え続け、具体的で実体的なものを造りだす、という現象である。この代表的な例として、老人や病気などがあり、これは、概念による固定化ないし概念による固定的な実体の造出の一側面である。

　例えば、老人にも様々な人や段階があるように、老人という概念に静止した固定的で不変的な実体は本来ない。つ

---

[67]　例えば、小浜逸郎［2018］『日本語は哲学する言語である』33、134頁を参照されたい。

[68]　反対に、厳密にいえば、存在そのものは、言葉では完全には表現できない、ということである。

まり、名前や言葉のとおりに、実体は存在しない[68]ので、本来的にこの概念それ自体は虚妄的なものである。あるのは、常に新たなものへと変化し続ける存在として、体力などが以前と比べてほんの少しずつ弱くなりつつある状態だけである。その人に「老人」という名前（ないし「年のせいで」という言い訳や考え方）を与えると、その名前によって意味づけされ、エネルギーが与え続けられ、その人の思考や行動が次第に消極的で弱々しい老人らしくなっていく。すなわち、その名前などが、その老人という名前の意味づけによって、その内実を充実させようと身体上に実体化してくるのである。

このように、本来虚妄的で実体のないものに、名前を与えることによって、その名前によって意味づけされる。そして、その心的態度によって、エネルギーを与え続けられ、その名前があたかも実体があるかのように、その内実を充実させ、肉体などに実体化してくるのである。このような「名前の実体化に対する対処法」は、一切の常識や既成概念から解放され、老人という名前を受け入れずにいること

である。

　例えば、80歳でエベレスト登頂に成功した冒険家（三浦雄一郎）のように、常に積極的に考え、かつ身体を鍛えながら生活することである。つまり、ある名前や考え方を自分から切り離し、消え去らせることができれば、それはもうその人の人生に影響を与えない。そして、一切の常識や既成概念から解放され、自由になれるのである。このように、少なくとも元々「心には年齢はない」ので、心を常に若く、情熱を保ち続け（すなわち「心はいつも青春」であること）、かつやりたいことが体力的に実行可能であるように、常に身体を鍛えておくことが、生命力や生きる力の源泉として特に重要である。

3　一切唯心造 ───────────

（1）一切唯心造の法則の意義

①　一切唯心造の法則の意義

　「一切唯心造の法則」とは、人生においてすべてのものは心に拠っており、心によって造りだされるということ、

すなわち心の姿勢（posture of mind）が人生のすべてを支
配し、造り出している、という法則であり、生き方の根本
原理を示すものである。

　これに関して、例えば、稲盛和夫は、「すべては、『心』
に始まり、『心』に終わる—これこそが、……よりよく［人
生を］生きるための究極の極意でもあります[69]」。「した
がって、心に何を描くのか。どんな思いを持ち、どんな姿
勢で生きるのか。それこそが、人生を決めるもっとも大切
なファクターとなります[70]」。すなわち、すべてのことは
「心に描いたとおりになる」。「ものごとの結果は、心に何
を描くかによって決まります。『どうしても成功したい』
と心で思い描けば成功します。……現在の自分の周囲に起
こっているすべての現象は、自分の心の反映でしかありま
せん。ですから、私たちは、……常に夢をもち、明るく、
きれいなものを心に描かなければなりません。そうするこ
とにより、実際の人生もすばらしいものになるのです」

---

[69] 稲盛和夫［2019］前掲書、31頁。
[70] 同上書、13頁。

（355－356頁）。

　すなわち、これは、「人生の方程式」（人生・仕事の結果
＝考え方×熱意×能力）において「『考え方には、マイナ
ス百からプラス百まである』と説明しました。［ここ］では、
人生というものは心に描いたとおりになる、と言っていま
す。ここにある、『心に描くもの』とは、人生の方程式で
いう『考え方』に当てはまるでしょう。……その三要素の
中で一番重要なものが『考え方』です。心に描いたもの、
心に抱いたもの、自分が持っている考え方、思想、哲学、
それらがそのまま人生に現われる、そのことを私は『心に
描いた通りになる』と表現しているわけです」（356－357
頁）と述べている。しかも「確かに、どんな考え方を持つ
のも自由だと思います。しかし、その自由の中で自分がど
のような考え方を選択するかによって、自らの人生、運命
が決まってしまう。そこまでわかっている人が、果たして
どれだけいるでしょうか」（343頁）と極めて重要なことを
さりげなく述べている。言い換えれば、「人生は心のあり
ようですべてが決まってきます。それは実に明確で厳然と

した宇宙の法則です[71]」。「それは、この世を動かしている絶対法則であり、あらゆる例外なく働く真理なのです[72]」と述べている。

　このように、稲盛哲学を一言で表せば、「一切唯心造」であるといえる。しかも、この一切唯心造を宇宙の法則、言い換えれば心の法則であるということを明確に述べている。したがって、これは、成功し幸せになるために、非常に重要なものである。そして、この一切唯心造は、東洋哲学の根本原理の一つであり、誰でもが知っているけれども、残念ながら、ほとんどの人は、この真理を自覚しておらず、活用もしていないのが現実である。それゆえ、単なる知識に留まらず、本当に生きた智慧として、これを自覚し、日々の生活において活用していくことこそが大切である。なお、これは、図表5−1のように、主な法則として第3章1の因果律、後述の自他一如、慈愛、感謝、積極性、潜在意識及び空の法則などに関連してくる。

---

[71]　稲盛和夫［2019］前掲書、204-205頁。
[72]　同上書、13頁。

②　心は人生

「心は、人生を造る」。すなわち、既にこのことに気づいている人もあろうが、これは、人生において心、志や信念がすべての力の根源であるという真理を示している。あたかも影がその人に付いて行くように、すべての物事は、心を主（あるじ）とし、心によって造りだされる。つまり、心は人を造りもし、壊しもする。人生は心一つの置き所であり、人生において心の姿勢がなによりも重要なものである。

③　一切唯心造と因果律・積極性

　この一切唯心造についても、「因果律」が働く。したがって、人生においては、因果律に従って、善い結果を生むためには、常日頃から善い原因を作ることを心がけること、すなわち善いことや明るくポジティブ（積極的）なことだ

けを心に描き、かつ積極的に行動することが非常に大切である。と同時に、良い縁に恵まれるように、普段から良い人間関係を作り上げるように努力することである。このように、人生においては何ごとにおいても、善い因と善い縁の結果として幸せや成功という善い結果が得られる。

④　リミッター外し

　人は、自分の家族・親戚や出身校などの状況を見ることによって自己の能力や可能性を限定してしまうことが現実にはよくある。これは、いわゆる根拠のない能力の自己限定すなわち能力についてのリミッターの自己設定であり、日常的にはよく見られる現象である。しかし、現実は、その人が本気で努力さえすれば、ほとんどのことは実現可能であるにもかかわらず、これによって、せっかくその人が本来持っている能力を自ら限定してしまっている。それゆえ、一切唯心造という根本原理からいえば、根拠のない能力の自己限定は、最も行ってはいけないものの一つである。この根拠のない自己設定のリミッターを外し、自己の潜在的可能性を信じて、何ごとにも、積極的にチャレンジし、

日々自己を向上させていくことが、幸せで成功した人生を送るための秘訣である。

⑤　豊かな心

心の種類には、低い順から本能を含む「感情的な心」、客観的な「理性的な心」及び信仰などの「霊性的な心」があり[73]、これらの順で高まっていく。それゆえ、成功や幸せになるためには、上述の明確な思考と同時に、よりレベルが高く、豊かで、利他的な心すなわち豊かなものの見方や考え方をすることが大切である。

すなわち、このためには、貧しいエゴ的な心（利己心）で自分自身のことばかり考えるのではなく、心を高め、例えば、近江商人の「三方よし」のように、より広く、豊かな心で、他人や社会全体のこと、さらには地球全体のことまでも配慮できる優しく思いやりのある利他的な思考や行動を取ることが有益である。言い換えれば、愛や利他を起点として考え、行動することである。これを人間関係で表

---

[73] 稲盛和夫は、これに関して本能心、理性心及び宗教心を挙げている（稲盛和夫［2014］前掲書、39-40頁）。

現すれば、お互いにウイン・ウイン関係が築け、かつシナジーが生じ、お互いに豊かになれるような関係を日々築いていくことがポイントとなる。

⑥ 明確な思考・目標・志

　人生は、自分の信じるようなものになる。つまり、成功や幸せになるためには、具体的で明確な目標や夢を描くことが大切である。曖昧で弱い思考では、曖昧な結果しか生まれず、大きな成果は期待できない。それゆえ、人生においてこれは、丁度、太陽光線を虫眼鏡で集めて、一点に集中させ、火をつけるのと同様である。すなわち、具体的で明確な目標や夢に向けて日々努力を重ねていくことが、より良い成果を導くこととなる。

(2) 三断力、六自力と六思力

① 三断力

　人生は、自己の思考による「選択と行動」の連続なので、幸せで成功するためには、どのようなことに注意した方がよいのであろうか。

これに関して、正しい判断、決断及び断行という三つの力（「三断力：判断力・決断力[74]・断行力」）が必要である。このうち最も大切なのが、正しい思考に基づいた正しい判断である。この場合、この判断は、行動の方向性を決定するので、その結果に対して自己責任を伴う。そして、この正しい判断に基づき正しい決断と最後までやり抜くという断行力が成功や幸せをもたらす。なお、思ったことが本当に実現するための要件として、まず正しいことを強く思い続けること、また、たとえ時間がかかっても最後まで諦めずに積極的にやり抜く断行力が大切である。

② 考え方と六自力

思考は人生を造るという場合、どのような「精神的な態度」で人生を考えれば良いのであろうか。

これに関して、幸せで成功した人生を送るために、物事を考えるときに、図表５－２・３のように、「自由、自主、自律、自立、自尊及び自燈」という自己が持つべき六つの

---

[74] 「（自己）決定力」ともいわれる。

精神（「六自力ないし六自の精神[75]」）が有益である。すなわち、幸せな人生を考える上で最も前提となるのが、天から与えられた自己の個性を生かすために、強制ではない自らの意思に由り「自由」に考える、ということである。この場合、何を自分の目標とするかは、他者に依存しない

---

[75] 図表5-2　六自力

精　神	内　　　　　　容
①自由[*1]	思考や行動を、他からの強制ではなく、自らの意思に由って自由にしていこうという精神（free）
②自主	すべてのことを、他によらず、自ら主体的に考え、行動していこうとする精神（independent）
③自律	すべての刺激について、直接感情的に反応せず、深い理性に基づいて、（他から律されるのではなく）自ら統制（自ら律し、コントロール）して、行動していこうとする精神（self-control）
④自立	社会経済や思想などについて、他に依存せず、自己の独立性を確保しながら考え、行動していこうとする精神（self-help）
⑤自尊[*2]	自己の存在価値を認め、自分自身に対して誇りを持ち、自己を愛し、尊敬し、尊重し、自己（そして他者）を大切にし、自己の品格[*3]・尊厳において、社会貢献するというような善いことを行い、社会に迷惑をかけるような悪いことを行わないように自己責任を持つ精神（self-respect）
⑥自燈	正しい見識を持ち、よく自己統制された自分自身を拠り所として、本心良心に基づき、自ら燈火で、人生の正しい方向性を照らし出し、決定していこうとする精神（self-lighting）

[*1]：自由とは、自らに由って何かをすることである。また、自由意志や自由選択に対するコインの裏側として、常に自己責任があることを自覚したい。
[*2]：反対は、自暴自棄であり、この状況は、自分及び他人に迷惑をかける可能性が一般に高い。
[*3]：思い、言葉や行動において、常に自己の品格を保つこと。

「自立」した自己を前提とし、深い理性に基づいて、「自律」的に考える。

　そして、チャレンジ精神を発揮し、神仏や他人に頼るのではなく、「自主」的に考え、積極的に行動する。この場合、自分自身を尊敬し、自己に対する誇り（「自尊[76]」）を持ち、自己や他者を大切にし、自らの進むべき正しい道を、自分を燈火（「自燈」：light own way）として照らし出していかなければならない（「自己リーダーシップ[77]」）。

図表5-3　六自力

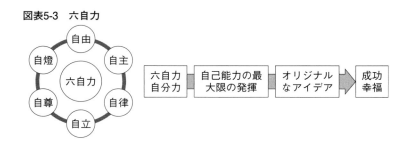

---

[76]　人間の重要な尊厳性としては、例えば、事実を事実として知ること（「智慧」）や自己の周りの動植物・人間を慈しみ、愛すること（「慈悲」）などがある。

[77]　自己の進むべき正しい方向性を示すこと。

③　思考法と六思力

　心が人生を造るので、日常生活において常に正しい思考や選択を行わなければならないが、どのような「思考法」に基づいて、これを行ったら良いのであろうか。

　これに関して、正しい判断を行うためには、六つの思考法（「六思力」）が必要となる。すなわち、これは、図表5－4のような長期的・全体的・多面的・本質的・倫理的・無我的な思考法である。まず、物事を考える場合に、短期的な視点ではなく、「長期的」な視点から考えること（「長期的思考法」）が大切である。なぜならば、短期的なものと比較して、長期的な方がより持続的で、安定的で、より正しく適切な答えが見出せるからである。これに関して、日本人は昔から一般に長期思考であるといわれている。

　また、物事は、個別的に細分化して個々バラバラに見るのではなく、一歩引いて「全体的」な大きな視点から、全体のバランスを保った形で考えること（「全体的思考法」）が大切である。すなわち、西洋的な一部のもののみから発想する「部分最適的な考え方」ではなく、東洋的な全体か

ら発想する「全体最適的な考え方」である。このように、全体的に考えることによって、全体として調和がとれ、より安定的で、正しい判断が行える。このことに関しても、日本人は伝統的に優れた資質を持っている。

図表5-4　六思力

そして、物事は、一面的に一つの観点から見るのではなく、「多面的」に多くの観点から考えること（「多面的思考法」）が有益である。なぜならば、これによって偏りを排除でき、よりバランスのとれた、安定的でより正しく好ましい判断が行えるからである。さらに、物事は、表面的に見るのではなく、より深く「本質的」な観点から考えること（「本質的思考法」）が大切である。これにより根本的な解決策などを見出すことができるからである。

　また、物事は、「倫理的」な観点から考えること（「倫理的思考法」）が大切である。すなわち、因果律、本心良心や善悪などの観点から物事を倫理的・道徳的に考える。これにより、社会に迷惑をかけず、反対に社会へ貢献できる正しく適切な判断が行え、その結果として幸せになり成功できるからである。最後に、自我的（エゴ的）な観点から行うのではなく、無我的（非エゴ的）な観点から物事を判断すること（「無我的思考法」）が大切である。なぜならば、これによって、社会全体的により調和し、平和で安定的な状況となり、全体として皆が幸せになれるからである。

　なお、この場合、倫理的思考法や無我的思考法は、あまり一般的なものとなっていないと思われるけれども、より正しい判断を行い、幸せで成功するためには、これらの思考法は大切である。これらの思考法を活用して得られる結論は、そうでない場合と比較して、より正しい判断となり、より大きな幸せや成功を導いてくれる。

4　自他一如

（1）自他一如の法則の意義

①　自他一如の法則の意義

「自他一如の法則」とは、人間や物事との関係についての正しい状況を理解するために不可欠な考え方であり、すべてのものは、縁起の法によって生じているので、分離独立して別個に存在するものではなく、繋がり合う相互関係にあり、全体としては一体（oneness）であり、それゆえ自己と他とは区別のない平等で一如の関係にある[78]、という法則である。

　例えば、稲盛和夫の考え方や行動指針は、布施の思想に基づく利他行である。そして、この根本には、東洋哲学的には「自他一如」という考え方がある。この考え方を象徴的に表すものとして、彼は「利他」について、「この世の中では、森羅万象あらゆるものが共生し、共存していかなければなりません。自分も生き、相手も生かす。つまり、

---

[78]　これは、いわゆる「不同不離」（同一ではないが、分離することができないこと）という真理を示している。

地球にある生きとし生けるもの、すべてのものが一緒に生きていけるようにすること、それが利他なのです」（203頁）として、利他の考え方とその根本に自他一如の考え方があることを示している。

　この場合、この自他一如という考え方は、例えば、自己の生命は、大自然の大生命と相互に繋がり合い、関係し合い一体である、と考えるものである[79]。この自他一如の考え方を起点として行動すれば、社会や環境まで含めて、一体感があり、調和のとれた、平和で幸せな人生を過ごせる、ということである。そして、この心境から自然に湧き出てくるのが慈愛・利他・和・シナジーなどである。したがって、これは、幸せになるために、本質的なものであり、非常に重要な根本法則である。

② 慈愛・利他・和・シナジーの考え方の源泉

　それでは、自他一如という考え方は、「どこから生じる」のであろうか。

---

[79] それゆえ、これは、個としての我（エゴ）を主張するものではなく、「無我（的）」と表現してもよい。

これに関しては、個別と全体から出発する二つの考え方がある。すなわち、まず前者の「個別」から出発する考え方については、東洋哲学などにおいて深い瞑想を行い、それにより感覚として体得しうる真理のうち、自分と他のものとが一体であるという心境から得られる自他一如がある。この感覚[80]は、西洋的な二元性を超越した、身体で体得できる自他の区別のない同じ・一如・一体という感覚や心境である。

　そして、自己と他のものが一体であると感じられれば、自分と同じように他のものを取り扱うという慈愛などの感情が自然に湧いてくる。すなわち、図表6－1のように、この一体感について、狭くは、同じ家族、同じ会社、同じ国などという考え方から、より広くは同じ人間、同じ動植物、さらには同じ地球の構成物などどんどんと拡大していくこととなる。

---

[80]　例えば、「辛（から）い」という感覚を言葉で正確に表現できないように、豊かな内容を持つ感覚を言葉で表現すると、言語化（物象化）のマイナスの側面として、その内容のかなりのものが失われてしまうけれども、ともかく何とか言葉で表現したものである。

図表6-1　自他一如と慈愛

どこまで拡大できるかによって、その人の器・人格・人間性・徳性が決まってくる。例えば、マザー・テレサのように、豊かな心で見返りを求めず、他に尽くすという無条件の慈愛などの最も根底にある考え方は、同じ人間であるという「同一性」や「一体感」である。それゆえ、そこには自他の区別や差別ではなく、むしろその反対に二元論を超えた一体感や平等という心境が見いだされる。

　また、後者の「全体」の観点からの考え方については、瞑想などによって、この世界の本質について深く洞察すると、この世界に存在するすべてのものは、それぞれが完全に分離独立して別個に存在しているのではなく、縁起の法に基づいて、他のすべてのものと繋がり合い、相互に関係しながら存在している、という事実が理解できる。そして、この観点からすれば、すべてのものは密接不可分の全体の

一部として、かつ相互に依存関係を持つものとして存在している。それゆえ、自分が他のものにしていることは、究極的には自分自身に対して行っていることと同じになる。たとえて言えば、身体全体の健康を考えた場合、身体の一部が傷つけられると、身体全体の調子が悪くなるのと同様に、その全体の一部でも傷つければ、他のあらゆる部分も苦しむこととなる。反対に、各部分のすべてが快適であれば、全体も良好である、ということである。このように、自己の他への影響は全体に影響を及ぼし、それがまた自己にも影響してくることとなる。このような相互依存関係の観点から自他一如であると見ることができる。

　それゆえ、例えば、国際問題を考える場合に、自国の国家エゴに基づく考え方ではなく、自国と他国は同じという自他一如の考え方に基づき、全体の観点から共存共栄を図るような考え方をすることが大切であろう。また、例えば、地球環境問題などの地球規模の問題を考える場合にも、自国の国家エゴや人類エゴに基づく考え方ではなく、宇宙飛行士がしばしば口にするように、真に宇宙的な広い視野か

ら、大気や水の大循環や食物連鎖などの生態的循環によって、環境としての地球が生きているからこそ、人間を含む多くの生命が生き続けられる。このような意味で、地球は非常に貴重な存在であり、二元論的思考を超えた人類と環境は同じ船の搭乗員である、という自他一如の考え方に基づくことが重要である。

　このように、この自他一如という考え方は、大きく広い視点で、真の調和や平和をもたらす解決策を提示できるものである。

③　自己の確立と自他一如

　自他一如との関連において「自己の確立」については、どのように考えられるのであろうか。

　これに関して、西洋的な思考では、自我の目覚めとともに、個我としての「自己（自我）の確立」と「個性[81]を伸ばすこと」が、家庭でも学校や社会でも、強く求められる。

---

[81]　反対概念として、「公共性・社会性」（各個人のエゴではなく、人類共通の普遍的な共通性（共通の本性）や目的を重視する性質のこと）があり、公共性・社会性と個性とを共にバランスよく伸ばしていくことこそがより大切である。

この考え方は、西洋化したわが国の教育制度や社会制度においても、全く同様である。そして、自我意識（エゴ）とそれに基づく権利や我欲が人生における基本的な前提を構成し、それに基づく自分を中心とした考え方や行動が取られることとなる。

　なお、自他一如という智慧のない心が我であり、この「我（自己）の単位」は、例えば、自己、家族、学校、会社、組織、宗教、地域、国、人類など様々なレベルのものがある。そして、例えば、外交交渉においてAmerica first（アメリカファースト）が主張されるように、一般に世界全体を考えることなく、狭い自己の属するものの我（米国）と非我（米国以外）を区別し、我を主張している、というのが現実である。言い換えれば、私達は、西洋的な思考に基づき一般に自己を起点とし、自己と非自己を分離[82]し、それを別個のものとして実体化・対象化し、自己が外部の対象をリアルな実体として捉える、という考え方をしている。

---

[82]　これを「自他分離」という。

　しかし、この個我としての自己と他者とを明確に区別し、自己を起点として自他分離を行う西洋的な二元論的な思考方法は、自他の違いを実体的なものとして捉えて、それを強調するという特徴があり、社会において多くの問題を引き起こしている。そこでは、自己はあたかも他者や環境から完全に独立した存在として考える、という捉え方がなされている。

　けれども、現実には、自己は他者や環境とつながり合い、影響し、影響され、相互依存の関係[83]にある、というのが真実の姿である。この真実の姿を見ないで、我の観念を捨てきらず、自己を他者や環境と全く分離独立した実体として区別する考え方は、利己的な自己本位のもので、自己の考え方だけを強力に主張し、例えば、自然は自己の外部に独立して存在し、征服すべきものと考えるような考え方などを生んでいる。そして、このような考え方は、何物にも代えがたい人類を含む動植物の大切な生息環境である地球

---

[83]　これは、一元論とも呼ばれ、一即多・多即一の関係を意味する。

環境を現在実際に破壊しつつあり、周知のように、重大な地球温暖化に伴う異常気象などの深刻な地球環境問題や多くの野生生物の絶滅危機問題[84]などを引き起こしている。

　このように、自然や宇宙は、自己の外部に別個に存在する対象と捉えるよりも、この二元論的思考を超越して、物事を関係的に捉え、自己を含めて全体として一つの生命体であると一如的に考えることがより真実であり、より大切であろう。

（2）二元論と一元論
①　二元論と一元論

　自他一如との関連において、西洋思考的な「二元論」は、どのように考えられるのであろうか。

　これに関して、近代科学の基礎には、ロゴス（論理）に従って、この世界の現象を分類するという西洋的な考え方

---

[84]　毎日新聞2019年5月6日 19時03分（最終更新 5月7日 11時01分）『「100万種が絶滅危機」IPBESが生物多様性の報告書』https://mainichi.jp/articles/20190506/k00/00m/040/095000c

がある。すなわち、西洋的な最も基本的で科学的な考え方の特徴は、できる限り、物事を分け、細分化・専門化し、もし可能なときには数値で検証することによって、できるだけ多くの法則を発見し、科学的な知識や技術（テクノロジー）を発展させていこうとするものであり、それ自体悪いものではない。

　そこでは、図表6－2のように、例えば、有無、自他、白黒、敵味方などというように、物事を明確に実体的に捉えて二つの対極に分けて考える「二元論」を使用することが一般的である。他方、東洋的な考え方の特徴は、全体を一気に把握し、物事を明確に分けずに、全体としての関係性を重視するものである。そこでは、個我の観念を超越し、全体の観点から分ける前の未分化の状況である「一如論[85]ないし一元論」が採られることが多く、そこでは比べることもない。すなわち、例えば、人々は多くの点でそれぞれ能力や個性に差があるけれども、一人一人が同じように大

---

[85]　一如論では、同一性や類似性を見て、それを強調するという特徴がある。

切な人間である、と捉えている。

　そして、西洋的な比較や比べるということがないので、例えば、勝ち組や負け組などという優劣や白黒というような差別[86]や迫害に繋がることも少ない。人々は連帯意識や一体感を持ち、皆で支え合うという世界である。そこでは、すべての人間は平等で、階級、民族などによる特殊性よりも、共通性としての人間性（humanity）や人間の尊厳性、すなわち人間としての思いと行いをより大切にしている。

図表6-2　二元論と一元論

西洋的な考え方	違いを重視	分ける	二元論
東洋的な考え方	関係を重視	分けない	一如論・一元論

②　差別と無差別

　日常の生活では、私達は、一般に「自己（自我）の確立」とともに、自分と他人を実体視し、個我の観念を捨てきらず、自己を起点とし、自他を区別し、「自他対立の世

---

[86]　差別される側は、同じ人間としての平等な資格が認められないことが多い。

界」に生きている。これは、自己の利害を前提とした利己的なものである。この場合、もともと自我は、自己の生命保全のために機能する必須のものであり、これを完全に否定することはできない。しかし、集団的な社会生活を送る人間にあっては、社会に迷惑をかけず、道徳を守ると同時に、社会に貢献するように、自我を上手くコントロールしていくことこそが大切なこととなる。なお、多くの犯罪、過ちの根底には、自己の利害を中心とする「利己心」があり、それは本当の自己を知らないという無知から生じている。つまり、本当の自己を知らないという無知が我であり、これに基づく利己主義的な考え方と行動が社会に大きな害をもたらしている。

　これに関してわが国では、これと全く反対の考え方が古くから説かれている。それは、我の観念を超越し、自己の利害から離れ、他人を実体視せず、自他を区別しない「無我」の考え方である。すなわち、これは、物事を関係的に捉え、個と全体とが一体であるという同一性や共通性を見、心を一つにした一体感のある無差別・平等の考え方である。

そもそも自我や私心という自己の利害が心にあるので、私達は自他の区別を行うのである。他方、典型的には、自然に見られるように、自我ないし私心という自己の利害のない自然には、自他の区別はない。太陽や雨は、自己の利害や私心を基礎として光や雨などを降らせていない。すべてのものに対して常に平等である。

③　調和という理想形・完成形

　令和初期の戦後最悪と呼ばれる日韓関係のように、人々が、西洋的な思考に基づき物質文明的にお互いに自己の利害だけを主張して、争いをしているようなバランスの取れていない不調和の状況は、相互に争い合うものであり、そこには平和や幸せは存在しない地獄のような状況である。反対に、皆が一緒により良い社会的な共同生活を送るためには、精神文明的に自他一如的な慈愛と豊かな心を持ち、相手の立場になって考えることが大切である。このような一体感があり、すべてが生かされている調和のとれた平和な状態が理想形ないし完成形[87]である。

　すなわち、これは、例えば、ブータンのように、相互に

信頼し、心の交流を通じて、シナジーを発揮し、より良い
共同生活をしている平和で幸せな天国のような状態である。
このように、幸せになるためには、個人として1人だけで
は幸せになれない。つまり皆が全体として幸せになること
が大切である。そして、全体が幸せになるためには、お互
いに他人のことも配慮し、違いを尊重して、協力しながら
調和し、共存共栄の状況を実現するようにしたいものであ
る。

(3) 派生的な慈愛・利他・和・シナジーとの関係

　この自他一如から自然に「派生するもの」には、どのよ
うなものがあるのであろうか。

　これに関して、自他一如から派生するものには、図表6
－3のように、例えば、慈愛・利他・和・シナジーなどが
ある。なお、慈愛については、第3章5の「慈愛」を参照
されたい。

87　換言すれば、理想郷や天国のような状態である。

図表6-3　自他一如から派生するもの

①　利他

　自他一如の考え方を日常生活やビジネスなどの社会貢献へ具体的に展開させたものが、利他[88]の考え方であり、「利他行(たぎょう)」と呼ばれることもある。この考え方は、稲盛和夫が生き方として最も重視しているものである。ここで「利他」とは、他者を利すること、すなわち全体としての世のため人のために尽くし、他者を助け、喜んでもらうということ[89]であり、その結果が、そのまま部分としての自己を利し、幸せになることに繋(つな)がる、という考え方である。

　そこでは、例えば、稲盛和夫やスーパーボランティアと

---

[88]　「自利利他」とも呼ばれる。なお、稲盛和夫［2010］『六つの精進』73頁を参照されたい。

[89]　昔から「功徳を積む」こととされてきた。

して有名な尾畠春夫のように、自他一如の観点から自他の
区別をせず、思いやりのある豊かな心で、まず他者に貢献
すること、つまり、相手に喜んでもらいたいと考え、それ
を実行する。そして、相手の喜んでいる姿を、自己にとっ
ての喜びや楽しみとする。そして、その結果が回り回って
最終的に自己の幸せにもなる。すなわち、相手から取るの
ではなく、相手へ与えることによって満足と幸せが得られ
る、と考えるものである。

　このように、世のため人のために尽くすことは、人間と
して最も尊い行為であり、人に役立ち、喜ばれるというこ
とを幸せと感じる心を、私達は誰でも生まれながらに持っ
ている。そして、伝統的に日本人はこのような「功徳を積
む」ことを慣習としてきた。

　また、これは、別の表現をすれば、例えば、昔からいわ
れてきている近江商人的な考え方である「三方よし[90]」や、

---

[90]　これは、2当事者間の「ウイン・ウイン関係」を、より広い社会や環境を含む3当事
　　者間の「売り手よし、買い手よし、社会よし」という「ウイン・ウイン・ウイン関
　　係」まで広げたものであり、理想形・完成形を示している。

現在の言い方をすれば、「ウイン・ウイン関係」、「共存共栄」や「共生」という他人も自分も生き、シナジー効果も発揮でき、平和で、豊かで、幸せなものになる、という考え方とも繋がる。

②　和

　自他一如の考え方は、自他の区別がなく、温かい心に基づいて相手の気持ちになって、全体のバランスを常に考えるので、心が通じ合い、信頼関係のある和の状態をもたらす。この和の状態は、心の本源に帰った状態であり、人間が最も人間らしく、心が穏やかであり、幸せで理想的な状態である。それゆえ、本当に幸せになりたいと思う場合には、まず自他一如的な考えを持ち、相手を思いやる心で行動することが王道である。この例として、例えば、常に相手の良い点を見つけ出し、それを褒めてやることがある。わが国には、昔から「和を以て貴しとなす」（聖徳太子）という考え方が伝統として存在し、チームワークを得意なものとしてきている。

　このように、自他一如的な考え方のない人は、自己の利

害を主張して敵対し、共に苦しみ、反対に賢人は、自他一如や無我の観点から和合・調和し、共に幸せとなる。

③　シナジー

⑦　シナジーと共存共栄

　お互いの信頼関係を大前提として、図表6－4のように、私達は、自他一如の考え方に基づく密接なコミュニケーションを通じて、相互理解によって一体感を醸成し、結合する。そして、お互いの強みを生かすことによって、ウイン・ウイン関係に基づき新しい価値やより大きなパイを生みだし、個人の総和を超えるプラスの相乗効果（シナジー）を創出することができる。これは、自他一如的で、全体的な考えを基礎として、お互いに相手のことを知り、尊重し、「皆の力によって、皆の利益のために働くこと」という志気の向上や団結力を発揮することによって初めて生じるものである。

　なお、わが国の強さの一つとしてチームワークがあり、そこで必要とされる一体感や団結力を高める方法として、例えば、社員旅行、運動会や懇親会などが伝統的に活用されてきている。

自他一如 → 違いや相手の考えの尊重 → 心の交流 → ベクトルの一致・協働 → ウイン・ウイン関係での解決策 → シナジー効果 → 共存共栄・お互いの幸せ

このように、この社会は、自分1人だけでは生きていけないので、自分と他人という二元論的な考え方を超えて、密接なコミュニケーションを通じて、お互いの強みを生かすようなチームワークによってウイン・ウイン関係となり、調和した共存共栄の社会を作り上げることが理想とされる究極の状態[91]である。

⑦ 人間関係

（a）ウイン・ウイン関係

人間関係の中で最も基本にあるものは、お互いの信頼関係[92]である。これがない場合には、ほとんど何も成立しない。すなわち、信頼関係が欠如している場合には、例えば、令和初期の戦後最悪と呼ばれる日韓関係のように、お互いに自己の権利や利害だけを主張し、相手のことを全く考慮

---

[91]　理想郷の状態である。
[92]　よく言われる「信用第一」である。

しないので、一層不信感が増し、争いが絶えないこととなる。

図表6-5 人間関係

関 係		自己	相手	相 互 の 関 係	内	容
関係	する	○	○	ウイン・ウイン関係*1	シナジーを発揮し、最も好ましい	共存共栄・共生
		○	×	ウイン・ルーズ関係*2	自己にとっては有利	共存
		×	○	ルーズ・ウイン関係*3	自己にとっては不利	
		×	×	ルーズ・ルーズ関係*4	共に最悪	
	しない	—	—	無関係の関係*5	関わらない	

(注) ○：勝、×：負、—：関わらない
＊１：シナジーが発揮され、パイが大きくなり、共存共栄や共生がなり立ち、お互いが一緒に幸せになれ、最も望ましい関係であり、理想形・完成形である。
＊２：ウイン・ルーズ関係の場合には、ウイン・ウイン関係へ進化させた方が好ましい。
＊３：ルーズ・ウイン関係になりそうな場合には、無関係の関係の方を選択した方がよい。
＊４：ルーズ・ルーズ関係は、絶対に避けたい。
＊５：無関係の関係は、ルーズ・ウイン関係やルーズ・ルーズ関係が想定される場合には、取るべき方法となる。

　それゆえ、まず信頼関係の構築が人間関係の前提となる。このような人間関係については[93]、図表６－５のように、

---

[93] なお、人間関係の六つのパラダイムについては、スティーブン・R・コヴィー[2013]『７つの習慣』301頁を参照されたい。

様々なものが考えられる。この中で、ウイン・ウイン関係すなわち異なる考えや知識・技能などを持つ人が、お互いの強みを生かすことによって、助け合いシナジーを発揮し、調和や共生がなり立つ状態が理想である。このように、世の中を勝ち負けや上下の図式ではなく、対等の図式で捉えるウイン・ウイン関係によって、パイをより大きくしていく状態が最も理想形・完成形である。それゆえ、日々、この状況をできるだけ多く創るように努力したいものである。言い換えれば、対立関係に基づく「競争」よりも、お互いに助け合い共により良いものを創り上げていく「共創」の方が大切である。

（b）　相互依存関係

　人間関係には、大きく依存・独立・相互依存という関係がある[94]。これは、人間の成長の段階からも明らかである。すなわち、例えば、一般に学生時代までは、子供は両親に「依存」し、その後徐々に成長し成人し「独立」していく。

---

[94] なお、依存・独立・相互依存という人間関係については、スティーブン・R・コヴィー［2013］前掲書、55頁を参照されたい。

さらに、社会へ出れば、自己と他者はともに立派な一定の専門能力を持つ大人として「相互依存」しながら社会生活を営む。このように、人間は、精神的にも社会経済的にも、図表６－６のように、「依存→独立→相互依存」という発展形態を見せる。この意味で、相互依存は、社会生活を営む人間の関係的な存在としての理想形・完成形を示している。言い換えれば、独立関係を基礎として独立的で一方的なエゴを主張することは、社会全体から見れば、未発達の不完全な段階のものであることが理解できる。

図表6-6　人間の発達段階と人間関係

依存関係→独立関係*¹→相互依存関係*²

＊１：自己の権利を主張する西洋的な考え方　＊２：三方よし的な東洋的な考え方

5　慈愛

（1）慈愛の法則の意義

①　慈愛の法則の意義

「慈愛の法則」とは、「慈悲の法則」や「愛の法則」とも呼ばれ、自己を取り巻くすべてのものに対する接し方とし

て最高の心の姿勢を示すものであり、無条件で無差別の大きな愛[95]の法則のことである。すなわち、人生における思考や行動をする場合に、真の精神性の高さの発現形態の一つとして、「慈愛を起点・動機」としてそれを行うことによって、当事者間に親密さや信頼が生まれ、平和で成功し、幸せになれる、という法則である。

　このことに関して、例えば、稲盛和夫は、「生きていく人間にとって一番大事なことは利他の心である……［そ］の真髄は、慈悲の心です。思いやりを持った慈しみの心……です。この心は、他のものを少しでも助けてあげよう、よくしてあげようと思う心です。そうした心を持って生きていくことこそが人生の目的なのではないか。つまり、利他の行為を行うことが、人間にとって、一番大事なことだと思うのです。この利他の心の対極にあるのは、利己の心です。自分だけよければいい、という心です[96]」と述べて

95 　愛の反対概念は、当事者意識を欠いた無関心であり、対象に対して関心を払わないで、配慮を欠くことである。

96 　稲盛和夫［2014］前掲書、175頁。

いる。

　すなわち、彼の考え方や行動指針は、「愛と誠と調和の心をベースとする」というものであり、これが「人を成功に導くもの」であると考えている。ここに、「『愛』とは他人の喜びを自分の喜びとする心であり、『誠』とは世のため人のためになることを思う心、そして、『調和』とは自分だけでなくまわりの人々みんなが常に幸せに生きることを願う心です」（58頁）と述べている。

　この場合、成功による持続的な繁栄に関して、主観的で利己的な心で物事を行うのではなく、「もっと次元の高いところ、言葉を変えると、キリスト教における愛、仏教社会における慈悲の心をベースとした場合には、その思いが強ければ強いほど、［成功し］繁栄もしますし、持続もしていくわけです[97]」と述べている。

　このように、彼の思考・行動原理は、愛を中心としたものである。そして、これを東洋哲学的にいえば「慈悲」な

いし「慈愛」という考え方である。しかも、これはあらゆるものに対する万能薬であり、「人間の本質とは、愛と誠と調和に満ちた美しいもの」（61頁）であり、人間は生まれつきその本質として慈愛そのものである。それを曇らせているのは、自我に基づく利己的な感情である。

　なお、この慈愛は、特定の人やものを自己の好き嫌いによって愛するという狭く偏った愛ではなく、太陽がすべてのものに平等にその光を降り注ぐように、分け隔ての無い無条件の大きな愛[98]のことである。これを東洋的に表現すれば、慈悲[99]と呼ぶことができる。ここで「慈」とは、慈しみの心で、楽を与えることであり、「悲」とは、生きとし生きるものへの憐れみの心で、苦しみを取り除いてやることである[100]。ここでは、これらの東洋的な慈悲[101]や西洋的な愛を含めて「慈愛」と呼んでいる。

---

[98] 博愛・大愛・無我愛などと呼んでもよい。。
[99] 慈悲と智慧は、コインの裏表である。
[100] 大きさの大小などを問わず、すべての生物の命を等しく尊いものと考え、それを尊重する考え方からきている。
[101] 西洋的な愛がギブ・アンド・テイクの色彩があるのに対して、東洋的な慈悲は、ギブ・アンド・ギブの色彩がある。

　このような慈愛の心を日常生活の中心に据えることによって、親密さや調和が生まれ、皆が幸せになれる。このように、見返りを求めず、他に対して尽くす無条件の慈愛は、自他一如という豊かな心が最も典型的に発現したものである。すなわち、慈愛は、物質的・経済的なものよりもはるかに上位にある真の精神的な「心の豊かさ」の現れであり、大自然の秩序とも調和したものである。そして、これは、この世で最も大きな力があり、不安を解消し、人々を平和で幸せにしてくれるものである[102]。なお、慈愛は単なる心の状態ではなく、それが具体的な言葉や行為によって示されたときに、真の意味がある。

②　慈愛と自他一如

　この慈愛は、「どこから生じる」のであろうか。

　それは、人間が本来持っている同じや一体という感情や感覚[103]からである。すなわち、この慈愛は、図表７－１のように、同じ家族、同じ日本人、同じ人間、同じ動植物、

---

[102] これは、人生の目的及び人類共通の普遍的目的のうち最高なものの一つである。

[103] 一体感・一如感から来るものである。

同じ地球の構成物などというような感情から生じるものである。

図表7-1　慈愛と自他一如の表裏関係

| 裏 | 自他一体感・一如感（→表出） | 表 | 慈愛など |

　なお、幸せを考えるときに、人類だけの幸せを考えるのは、「人類至上主義」という人類エゴの現れである。そして、これは、周知のように、例えば、生物多様性問題や地球環境問題などを見れば分かるとおり、全体的な真理からいえば、人間のエゴ的な考え方であろう。このように、自他一如的な視点から万物を自分と同じように思いやる心が大切である。この場合、例えば、すべての生き物は、それぞれの形態は異なっているけれども、進化論的に見て皆つながり合い、相互に関係し合い、依存し合い、調和し合う一つの命である、と感じられるようになりたいものである。また、図表7－2のように、この慈愛の広さによって、その人の器・人格・人間性・徳性が決まり、より広い慈愛の方が、より広い範囲の当事者がお互いに幸せになれる。

図表7-2 慈愛の広さ

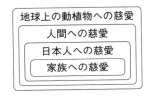

地球上の動植物への慈愛
人間への慈愛
日本人への慈愛
家族への慈愛

③ 慈愛と幸せ

　日常的な行動の動機には、どのようなものがあり、また どれが「理想的なもの」であろうか。

　これに関して、第１に、図表７－３のように、日常的な 思考や行動が利己的な恐れ、怒りや差別などを起点として 行われる場合がある。この場合には、その行為が相手に認 識され、当事者間に不信感、対立、争いなどが生まれ、お 互いに苦しみ、幸せになれない。特に過去の恨みに対して は、恨みをもって復讐するのではなく、一段高い視点に 立って、相手を許す心を持つことが最も大切である。これ によって、過去志向的ではなく、未来志向的に考え、行動 していくことが、両当事者にとっても最も良い影響を与え ると同時に、将来にわたってより良い人間関係や社会をつ くるための出発点となりうる。

図表7-3　思考行動の起点としての慈愛と恐怖

思考行動の起点	思　考　や　行　動	効　　果	結　　果
恐怖・怒り・差別	不信感、対立、分断、争い、競争	パンドラの箱	不幸せ
慈愛	親密さ、信頼、助け合い、協力、平和、調和	万能薬	幸せ

　第2に、日常的な行動が慈愛を起点として行われる場合[104]である。この場合には、その行為が相手に理解され、人に喜ばれ、当事者間に親密さが生まれ、良好な交友関係と調和が築け、その結果、お互いに幸せになれる。すなわち、慈愛は、人々を幸せな気持ちにしてくれる魔法の思考・言葉・行為であり、万能薬である。このように、慈愛を考えや行動の起点として、人に喜ばれ、平和で幸せな社会の実現に貢献したいものである。

（2）無財の七施

　お金などがなくても、心掛け一つで誰にでもできる人を思いやる慈愛の表現として、いわゆる「無財の七施[105]」が

---

[104]　このような人を菩薩といい、これを行うことを菩薩道という。

[105]　中村元［2005］『広説佛教語大辞典下巻』東京書籍、1618頁を参照されたい。

あるが、これらはどのようなものであろうか。

これに関して、図表7−4のように、これは、「おもてなし」を重複し、多くの礼儀正しく、清潔で、勤勉な国民で構成されているわが国においては伝統的に行われて来ており、住み易い国となってきている。

図表7-4 無財の七施

①眼施	げんせ	優しい眼差しで人に接すること
②和顔(悦色)施	わがん(えっしょく)せ	にこやかな顔で人に接すること
③言辞施	ごんじせ	優しい言葉で人に接すること
④身施	しんせ	自分の身体でできることを奉仕すること
⑤心施	しんせ	他のために心を配ること
⑥床座施	しょうざせ	席や場所を譲ること
⑦房舎施	ぼうじゃせ	自分の家を宿として提供すること

例えば、言辞施については、言葉は、昔から言霊とも呼ばれ、自己の魂が口から発せられたものであり、自他に強力な影響力を持っている。それゆえ、相手に積極的に関心を持ち、慈愛を起点として積極的に挨拶をしたり、相手が喜ぶような肯定的な言葉をかけると共に、相手を無視したり、相手が心配するような否定的な言葉を使わないことが

大切である。

6 感謝 ―――――――――――――――――――――――――

（1）感謝の法則の意義

① 感謝の法則の意義

「感謝の法則」とは、人生において生じるすべての事象を「当たり前」と考えたり、「否定的」に考えるのではなく、未来の視点から理性的に対処し、肯定的に捉え、感謝の気持ちで、ポジティブに考えて行動すれば成功し、幸せになれる、という法則である。

　これに関して、例えば、稲盛和夫は、日常生活において現れるすべての「現象に、日々どのように対処していくかを考えることは、生きていく上で非常に重要なことです。その答えは、実にはっきりしています。善いことに合おうと、悪いことに遭おうと、どんな現象に合っても、その現象に感謝すること、これに尽きるのです。これは大変難しいことです。たとえば、災難に遭っても感謝しなさいとうのは、言葉で言うのは簡単ですが、実際に災難に遭った人

が感謝することは至難の業です[106]」。

しかし、「災難や苦難に遭ったら、嘆かず、腐らず、恨まず、愚痴をこぼさず、ひたすら前向きに明るく努力を続けていく。これから将来、よいことが起きるためにこの苦難があるのだと耐え、与えられた苦難に感謝する。よいことが起これば、驕らず、偉ぶらず、謙虚さを失わず、自分がこんなよい機会に恵まれていいのだろうか、自分にはもったいないことだと感謝する。これが素晴らしい人生を生きるための絶対条件です[107]」。そして、感謝の反対である「不平不満、愚痴というものは、必ず人生を暗くし、不幸にします。その不平不満、愚痴の対極にあるものがこの感謝であり、感謝をすることで、人生はすばらしいものになっていくのです」（75頁）と述べている。

このように、否定的な不平不満や愚痴をこぼさずに、常に肯定的で積極的に日常的なことさえ感謝し、さらに人生において生じるすべてのことに感謝して生きれば、人生は

---

[106] 稲盛和夫［2014］前掲書、145頁。
[107] 同上書、146-147頁。

より成功し、より幸せになれる、としている。

②　吾唯足知と感謝神経

　この感謝と密接に関連し、その元となる満足について、わが国にどのような「満足の哲学」があるのであろうか。

　これに関して、例えば、石庭で有名な京都の龍安寺にあるつくばいに、「吾唯足知」(吾唯足ることを知る) という有名な言葉がある。これは、西洋的な物質文明を基礎とする自らの生存水準を超えた生活の論理[108]に基づく欲望を抑え、現在自分に与えられた状況に、東洋的な精神文明における心の豊かさである「あるある精神」[109]を基礎として満足することによって、幸せになる、ということである。すなわち、幸せのためには、現在自分の持っているものに満足し、それを楽しむ方が、自分の飽くなき欲望に従ってより多くのものを手に入れようとして苦しむよりも、より幸

---

[108] 現在のわが国においても一般に見られるような、生存よりも、生活を最優先するような大量の消費を基礎とする豊かな生活様式のこと。

[109] 自己の生存に必要なものは、贅沢を言わなければ、自己の周りに既に十分にあるという考え方のこと。例えば、中村久子の考え方 (中村久子『こころの手足』156-157頁 春秋社) を参照されたい。

せになれる、ということである。言い換えれば、満足や感
謝が幸せの入り口の一つだからであり、満足や感謝と幸せ
とは一つのコインの裏表である。

　しかし、残念ながらこの精神的豊かさは、現代の唯物論
的で物質万能主義的な西洋文明の進展と反比例して、ます
ます衰弱化してきている。それゆえ、外面的で物的な欲求
を追求するのではなく、もっと自己の内面的な豊かさを追
求することが大切であろう。そして、心の豊かさがあれば、
多くの感謝をより多く感じられるようになる。

　人は満足し、心地よいときに、幸せを感じるものなので、
幸せになる秘訣の一つは、どんな小さなことにも感謝でき
ることに気づき[110]（「感謝への気づき」）、それに感謝する
習慣（「感謝神経」）を身につけて、できるだけの多く感謝
を日常的に感じることである。言い換えれば、謙虚さと素
直さによって「感謝分岐点」を下げ、日常的にできるだけ
多くの小さな楽しさや感謝を感じられるようになること

---

[110] このように、感謝と幸せは、正比例するので、どのような小さなことにも感謝でき
　ることが幸せに直結する。

（「感謝感度」を上げること）が、より多くの幸せを感じ、いつでも幸せでいるためのポイントである。反対に、謙虚さを忘れ、利己的な欲望に囚われて普段から不平不満ばかり言っている人は、幸せでない状況を自ら作り出し、幸せになることを自ら拒否している不幸な人である。このように、心の姿勢が、人を幸せにも不幸にもし、延いては人生の一切を支配し、造り出している。

（2）関心領域と影響領域

①　関心領域と影響領域

　幸せとの関連で、私達を取り巻く考慮すべき「領域」には、どのようなものがあり、どのように取り扱っていったらよいのであろうか。

　これには、図表8－1のように、「自分が関心を持っている領域」（「関心領域」）と、「自分が影響を及ぼすことができる領域」（「影響領域」）の二つがある[111]。

---

[111] これらの領域に関して、スティーブンは、関心の輪・影響の輪と呼んでいる（スティーブン・R・コヴィー［2013］前掲書、101頁を参照されたい）。

図表8-1 関心領域と影響領域

この場合、幸せとの関係において注意すべきことは、い
かに自分の関心がある領域であっても、自分の影響を及ぼ
すことのできない領域のことについては、それを無条件に
全面的に受け入れることが大切である、ということである。
これを受け入れないで、不平不満をいつも思ったり、言っ
たりしていると幸せにはなれない。他方、自分の影響を及
ぼすことのできる領域の物事であれば、より理想的な状況
を導くために、積極的に努力をすることが大切である。な
お、不平不満をいう人の中には、「現状に満足してしまえば、
進化も向上もないのではないか」ということを主張する人
もいる。

　しかし、それについては、別の考え方ができる。すなわ
ち、図表8－2のように、現在自己が置かれている状況に
満足し、幸せを感じ、それをエネルギーとすると同時に、
そのエネルギーで積極性を発揮して、現在不足しているも

のを補強するために進化向上も目指す、という両方の長所を最大限生かすことが、より望ましいからである。この両者を上手くバランスさせていくことが、幸せ上手になる一つの秘訣である。

図表8-2　満足と進化向上

②　幸福への片道切符と笑門来福

　このように誰もが求めている幸せであるが、これを得る「方法」はあるのであろうか。

　答えは、「Yes」である。幸せは極めて主観的なものなので、自分が幸せと感じたときが、幸せなのである。しかも、図表8－3のように、人間は謙虚に満足し、感謝し、楽しみ、喜びそして笑っているときに、必ず幸せを感じている。

図表8-3　幸福への片道切符

　したがって、幸せをできるだけ多く日常的に感じるノウ
ハウは、この満足、感謝、楽しみ、喜びと笑いという心地
よい状態を、他人が与えてくれるのを待っているのではな
く、できるだけ多く自分自身で造り出す努力をすることで
ある。すなわち、簡単にいえば、「満足・感謝・楽しみ・
喜び・笑いの習慣を身につけること」（「満足・感謝・楽し
み・喜び・笑いの習慣化」）であり、そのためには、どん
な小さなことでも、その良い側面や明るい側面に着目し、
感謝の対象となることに気づき、それに感謝するように努
力することである。

　そして、このような心地よい状態を維持できるように、
自己を上手く自律的にコントロールし、いつでも自分の機
嫌を上手に取って行くことが、真の幸せ上手となるコツで
ある。前述のように、「感謝と幸せとは一つのコインの裏

表」であり、「感謝を感じられるほど、幸せになれる」という関係にある。

　このように、どのような小さなことにも反射的に「ありがたい！」「良かった！」と感謝する感謝神経を身につけて、物事の良い側面に着目し、ドーパミンの作用によるポジティブな快感を感じ、幸せに向かって常に努力するということが、真の幸せにつながってくる。しかも、笑いや楽しいということだけで、安らいだ癒し[112]の境地となり、その結果、免疫力が高まり、心身の健康をもたらしてくれる。

　このように、幸せは他者から与えられるものを待つのではなく、自分から造り出していくものである。人生は幸せな方が心穏やかで、平安で、かつ健康的でもある。お金は１円もかからない。このような習慣を身につけることによって、生き方一つで、人間は自由自在に幸せになれる、ということが真理なのである。温和な気で満ちた心地よい状態という内心の表れである「自然な微笑みが美しい人」

---

[112] 癒しには、笑いなどと共に、心身の機能を整え、正常化する働きがあり、健康増進にもなる。

でありたいものである。

　このような心掛けによって、自己の住む世界を明るいものに変え、「笑門来福」を実現することができる。なお、「笑い」は、他の動物にはあまり見られない、人間の特権であり、ネガティブな感情から解放してくれる解毒剤であり、幸せや健康のための特効薬でもある。これを大いに活用して、幸せになりたいものである。そして、実際、笑顔になるだけで、緊張が緩み、一瞬にして幸せになれる。

（3）感謝の種類

①　完全感謝と不完全感謝

　幸せに関連して「感謝の種類」には、どのようなものがあり、どのように取り扱っていけばよいのであろうか。

　感謝には、図表8－4のように、大きく不完全感謝と完全感謝がある。ここに「不完全感謝」とは、私達が良いことをしてもらったり、良いことが生じたときに、自然に感謝することであり、普通の感謝である[113]。これは、普段私達が行っていることであり、特に問題はない。他方、「完

全感謝」とは、上述の稲盛和夫のように、何かしてくれたから有り難うと感謝するのではなくて、生きていること自体など日常生活におけるあらゆることに感謝することである[114]。すなわち、病気で入院してみると痛感することであるが、例えば、通常の食事ができること、自分で歩けること、お風呂に入れること、静かに眠れること自体が有り難いことであり、これらに対して自然に感謝の念が湧いてくる。

図表8-4　不完全感謝と完全感謝

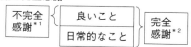

＊1：一般的な感謝　＊2：より多くの幸せを感じられる感謝。

　世の中には、自分は他人から何も良いことをしてもらっていないので、感謝しない、という人が大勢いるが、これは、幸せを感じるという観点からはもったいないことであ

---

[113] なお、このように恩を受けた場合には、必ずその恩返しをすることによって、幸せのサイクルを回すことが大切である。
[114] なお、稲盛和夫［2014］前掲書、176頁を参照されたい。

る。というのは、例えば、東日本大震災などを思い浮かべれば、すぐに分かることであるが、水が飲めること、温かい食事ができること、家族が無事でいること、友達がいること、家があること、仕事があることなど、日常的なあらゆることが感謝の対象となりうるのである。しかも、感謝するとその分満足し、幸せとなるので、ストレスが無くなり、何かをやろうという新たな気持ちが湧いてくる。このように、完全感謝は、ストレス社会をストレスなく生きるための生きた智慧でもある。

② ２つの状況と感謝

完全感謝に関連して、「感謝すべき状況」には、どのような場合があるのであろうか。

これに関して、人生においては、図表８－５のように、二つの感謝すべき状況がある[115]。

---

[115] 同上書、146頁を参照されたい。

図表8-5　有り難いことと感謝

①【（現在の）有り難いこと】→感謝→行動
②【（現在の）苦境など→（未来の）有り難いこと（自己の進化向上）】→感謝→行動

　第1は、「有り難いこと」や良いことが現実に生じたときであり、このようなときに、私達は自然にそのことに感謝をする。これは、普段私達が行っている通常の感謝であり、当然のこととして、特に問題とならない。第2は、苦境や逆境などの一見「有り難くないこと」が生じたときであり、このようなときに、私達は自然と感謝を行わないし、できれば、拒否したがる。しかし、真理としての因果律からいえば、このような苦境などについても、それをどのように感じ、それにどのように対処していくかで、未来が大きく変わってくる。

　すなわち、目の前に現われている現象をマイナス（ネガティブ）と解するのか、プラス（ポジティブ）に捉えるのかで、その後の人生に非常に大きな影響を及ぼすこととなる。そこで、後述の「空」のところで、説明するように、結論からいえば、上述の稲盛和夫のように、どのようなこ

とが起ころうとも、それを、未来の視点から「未来の有り難いこと、つまり未来に自分が今の自分よりより成長した人間となるために（自己の進化向上[116]のために）与えられた試練」と捉え、これに感謝し、それを全面的に受け入れて、積極的に対処していくことが、因果律の観点から大切である。

　このように、ここでは、一般の常識的な解釈とは異なり、一般的な「現在の有り難いこと」ばかりではなく、苦境など[117]の（一見「有り難くないこと」と思われそうな）「未来の有り難いこと」についても感謝をするところが決定的に異なっている。したがって、未来志向的に自己の進化向上を目指し、すべてのことについて因果律の適用を受けることを知っている賢者は、未来の視点から「人生において生じるすべてのことに感謝」しながらポジティブに思考・行動し、未来においてより幸せになっていく。

---

[116] 自己の人間的な成長のこと。

[117] 感情論的には、「苦境などに感謝することは、非常に難しい」ということは十分理解できる。

7　本心良心

（1）本心良心の法則の意義

①　本心良心の法則の意義

「本心良心の法則」とは、人生において判断や行動を行う場合に、心の奥深くにある深い理性という本心良心[118]を基準として行えば、正しい判断や行動が行える、という法則である。

　これに関して、例えば、稲盛和夫は、人生や経営において生じる種々の出来事についての判断基準は、最もプリミティブな「人間として何が正しいのか」（268頁）ということ、換言すれば、「動機善なりや、私心なかりしか」（172頁）ということであり、この場合「私心のない判断」とは、「自分というものを無にして物事を考える」こと、すなわち、自己の利害（自我）を離れて、無我の状態における判断のことであり、もっと極端に言えば、「自分を犠牲にして物

---

[118]　本心良心は、本来本心だけでよいと思われるけれども、本心は良い心であり、かつ道徳面で本心の代わりによく使用される良心を合わせて、ここでは本心良心と呼んでいる。

事を考える」（172頁）ということをいうと述べている。

　言い換えれば、「私たちの心には『自分だけがよければ
いい』と考える利己の心と、『自分を犠牲にしても他の人
を助けよう』とする利他の心があります。利己の心で判断
すると、自分のことしか考えないので、誰の協力も得られ
ません。自分中心ですから視野も狭くなり、間違った判断
をしてしまいます。一方、利他の心で判断すると『人によ
かれ』という心からですから、まわりの人みんなが協力し
てくれます。また視野も広くなるので、正しい判断ができ
るのです」（197頁）と述べている。

　このように、利己の心からではない「私心のない判断」
や「利他の心で判断」するということを哲学的に表現すれ
ば、「本心良心に基づく判断」ということができる。

　この本心良心は、図表９−１のように、人間であれば、
誰でも心の奥底に生まれつき必ず持っている純粋な心、深
い理性のことであると同時に、心の回帰点でもある。

図表9-1　本心良心

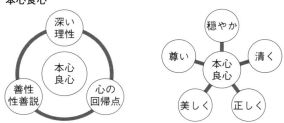

　そして、これは、同じ人間として誰でもが持っている精神の同一性・共感性であり、穏やかで、清く、正しく、美しく、尊い状態の心である。言い換えれば、本心良心は、どのような状況の下においても、正しい方向を示す内なる羅針盤（らしんばん）であり、人生における最も基本的な座標軸となるものである。

　このように、これは、人間の本性である善性を顕現（けんげん）するものであり、人間の性はその根源において善であるという「性善説」とつながる。それゆえ、人間はその本質において正義の実行を好むものである。

②　判断基準の必要性と重要性

　長い人生は、図表９－２のように、一瞬一瞬の判断、選択と行動の積み重ねの結果である。その結果が、自分の人

生を形づくっていくこととなる。そして、現在の自分は、多くの場合、過去の判断、選択と行動の結果であるといえる。

図表9-2 判断と人生

判断 選択 行動 人生

③ 判断基準としての本心良心

人生において生じる様々な物事に関する「判断基準」を何に求めるべきであろうか。

これに関して、多くの人が、好き嫌い、利害得失などの自己の感情を基礎とすることが一般的であろう。しかし、これは、誤ったものになることも少なくない。というのは、判断基準が、自我ないし自己の利害に基礎を置く自己の感情であり、それは、多くの場合、他人や社会的なそれと異なっている可能性があるからである。

そこで、このような感情に基づく利己主義を超越し、克己心を働かせ、普遍的な判断基準として本心良心に基礎を置くことが大切である。なぜならば、この本心良心は、

個々人の自我や私心を取り去った人類に共通の純粋で正しい判断基準であるからである。

④　感情と本心良心

　この場合、「日常的な判断基準」として、どのようなものが実際に使用されているのであろうか。

　これに関して、人間の性は本質的には善であるといっても、通常私達が考え、行動する現実的な基準は、残念ながら本心良心ではなく、自我意識（エゴ）とそれに基づく利己主義（ないし自己中心主義：「ミーイズム」）的な我欲[119]から発する感情であることが多い。しかも、この利己主義的な感情は、自己保全などの目的のために、顕在意識にも潜在意識にも強く発現しており、これが人生の生き方へと自然に展開している。このため、本心良心という内心の声[120]は、この感情の強い発現によって、普段はかき消されてしまっていることが多い。

　それゆえ、現実の人間の行動は、自己の利害に基礎をお

---

[119] ここから自己の利害に基づく計（はか）らいごと・策略・嘘つきなどがなされる。
[120] 良心の囁（ささや）きのこと。

く、わがままな利己主義的な感情に従って行われることが多く、善いことも悪いことも行われる。この感情に従った行動という側面から見れば、人間は性善でも性悪でもなく、双方であるといえる。そして、悪い面でこれらが発現すると、争い、犯罪、失敗などとなる。この場合、人間の本性として、本質的、根本的に「悪がある」というのではなく、自分の感情をコントロールするという智慧を持たず、自己の感情に従うという「愚かさ（無智）がある」ということだけである。つまり、例えば、犯罪の多くは、この利己的な感情に従って考え、行動したケースである。

⑤　理性と本心良心

　善悪の判断基準として、利己的な「感情」ではなく、客観的な「理性」に従えばよいのではないだろうか。

　これは正確には正しくはない。というのは、哲学的にいえば、「理性」には、自我的理性と無我的理性[121]の二つのものがあるからである。ここで「自我的理性」とは、自我

---

[121] これは、純粋理性・深い理性ないし本心良心と呼ばれることもある。

（自己の利害）を基礎として物事を論理的・客観的に考えて判断を行うものである。他方、「無我的理性」ないし「本心良心」とは、自己の利害を離れ、それを超越して、物事を論理的・客観的に考え、ないし直観的に判断を行い、正しい方向性や判断を示すものである。しかし、日常生活において私達は、一般に前者の自我的理性で判断を行っていることがほとんどである。他方、本心良心はこのうち後者の無我的理性に属するものである。なお、本心良心は、心の奥底から直観的に善悪を感じる力である。

　このような本心良心を発揮するために、常日頃から心を清く、美しく、浄化するようにしたいものである。図表９－３のように、心には、感情、自我的理性及び無我的理性の３層のものがあるが、自己の本当の心は深い理性としての無我的理性である。

図表9-3 感情・理性と本心良心の関係

この場合、例えば、"America first[122]"（アメリカ第1主義）を掲げる米国との外交交渉などに典型的に見られるように、多くの社会生活に実際に利用されているのは、自我的理性であり、特に相手が強く自己主張して来ている場合には、必ずしも悪いものではない。ただし、常に本心良心のことも考慮し、両者のバランスを取るべきであろう。

この場合、感情と自我的理性の共通点は、その基礎に自我ないし自己の利害があるという利己主義的なものであるという点である。なお、これらは、自己保全のために人間に与えられているものなので、これらを完全に否定するこ

---

[122] 「…first」という場合、自己を起点とするのか、相手を起点とするのかで、一般に結果が大きく異なってくる。自己を起点とする場合には、自我や我欲がその基礎にあるので、全体としての調和を保つのが難しくなることが多く、争いなどに発展することも多い。これに対して、相手を起点とする場合には、慈愛や利他がその基礎にあるので全体としての調和が取りやすく、スムーズに進むことが多い。

とはできないし、また重要でもある。しかし、社会生活を上手く行っていくためには、それらを上手くコントロールする必要がある。

　これに対して、無我的理性は、利己主義的な自己の利害を離れた人類共通の客観的で、純粋な判断基準である。それゆえ、日常的な状況において判断に迷ったときには、この無我的理性ないし本心良心に従って、判断や行動を行うことが最も良いこととなる。例えば、判断に迷ったときは、自己の利害を超え、（「人間性の欠如・人間失格」とならないように）人間としての尊厳を保ち、無我的な「人間として何が正しいのか」ということに基づいて判断を行うことが大切である。

　しかも、哲学的に深く考察した場合には、本当の自分は、外部刺激によって激しく揺れ動く感情や自我的理性ではなく、良心の呵責を考えれば分かるように、深い理性である本心良心の方である。それゆえ、本当の幸せは、この本心良心が心地よい状態のときに感じられる。すなわち、私たちは、一般に良心の呵責がない時に本当に心地よいことを

日常的に経験している。そして、本当の自分を知る人こそが本当の賢人である。

（2）本心良心と誠実性

① 本心良心の発現形態

　それでは、この本心良心[123]に基づく判断や行動は、私たちの日常生活においてどのような具体的な行動として「発現」するのであろうか。

図表9-4　本心良心の発現形態

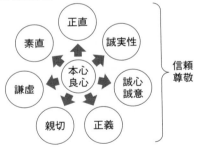

　この本心良心という純粋な考え、言葉及び行為は、図表

---

[123] 純粋理性・深い理性のこと。

９－４のように、日常生活において具体的には、例えば、正直、素直、誠実性、誠心誠意、公正、公平、正義、博愛、親切や謙虚などという形で示される。これらのものは、いずれも私達の社会生活において非常に重要で価値あるものである。そして、これらのものを実践することによって、本心良心が一層磨かれる。また、立派な人とは、自分を素直に受け入れ、自分に誇り[124]を持ち、自分を大切にし、責任を持てる人である。

図表9-5　人間性の発現とその欠如

人間性の発現	自他一如	和共生	本心良心	信頼誠実	慈愛憐れみ	希望幸せ
人間性の欠如	差別	利己的自己中心的	悪意	欺瞞偽善	残虐冷酷	絶望不幸

　これらの本心良心が発現した行動は、図表９－５のように、やましさがなく、恐れることもなく、後ろめたさがないので、心が積極的で、穏やかで、幸せな状況である。そして、結果のいかんにかかわらず、本心良心に基づいて行

---

[124] これは、自尊心や自分自身に存在価値を感じる心のことである。

われた行為には、少なくとも決して良心の呵責というような悔いが残らない。それゆえ、幸せを本当に望むのであれば、本心良心に従って判断し、行動することがポイントとなる。例えば、西洋の諺にも「Honesty is the best policy.」（正直は最善の策である）というものがある。

② **本心良心と誠実性**

この本心良心の発現の最も基本的なものは、正しさとしての「正直や正義」と、自分自身及び他者に対する約束を忠実に守るという「誠実性[125]」であろう。このうち、誠実性は、言葉に行為や現実を合わせるという言行一致の実践を伴うものである。そこでは、有言実行がなされる。これは、正しいことを誠実に実行したいという欲求から生じるものなので、自分自身に対する約束[126]の達成や、他者に対する約束[127]の履行へ向かわせる原動力となる。そして、自己に対しては、図表9－6のように、自己の掲げた夢の実

---

[125] 人生を誠実に生きる人の方が、一般に自己の節制を伴うので、より健康で長生きする傾向がある。

[126] 例えば、夢・志・目標など。

[127] 例えば、嘘をつかず、言ったことは必ず実行すること。

現のために、誠実な努力をし、夢を実現し、それに伴って達成感を感じることができる。他方、他者に対しては、図表９－７のように、約束を誠実に実行することで、信頼が得られ、良好な人間関係を通じてウイン・ウイン関係によりシナジー効果が得られる。これによって共に幸せになることができる。

図表9-6　自己に対する誠実性の発現

| 本心 良心 | 誠実性 言行一致 | 自己に対する約束（夢） | 夢の実現 約束の実行 | 達成感 | 成功 幸せ |

図表9-7　他者に対する誠実性の発現

| 本心 良心 | 誠実性 言行一致 | 他者に対する約束 | 約束の実行 | 信頼 | 成功 幸せ |

（3）成功者の落とし穴と謙虚さ

「成功者の落とし穴」として、どのようなものがあるのであろうか。

これに関して、いわゆる社会的な成功者、例えば、金持ち、社長、代議士、医者、学者、エリート、メダリスト、有名人、勲章の受賞者などの人びとは、社会一般から見れ

ば、身を立て、名を上げて、さぞ幸せであろうと思われる。しかし、実際には幸せでないこともある。その最大の原因の一つは、本来、人間としては誰もが対等な関係のはずなのに、「自分は他人と違って偉い」という自他を区別する我の強い「選人意識[128]」であり、慢心やおごり、時として独善的で、傲慢で侮蔑的な態度を取ることがあり、謙虚さや素直さが欠けてしまっているという人格の欠如である。

　もしそのような意識がある場合には、本人は気づいていないと思われるけれども、言うこと為すことすべてが我の強い上から目線で周囲を見ていることとなり、周囲の人との間で、深い溝や争いが生じ、決して幸せな状況とは言えないであろう。このような落とし穴に落ちないで、自他一如や慈愛などに従って、あくまでも腰が低く、謙虚さを持ち続け、諺で表現すれば、「実るほど頭を垂れる稲穂かな」という調和の姿で、生きたいものである。稲盛和夫も「謙虚さは良い人生を歩むためのお守りになる[129]」。また、ど

---

[128] 他の一般人とは異なって、自分は選ばれた偉人であるという意識のこと。
[129] 稲盛和夫［2019］前掲書、51頁。

んなときでも「つねに自らを反省し、心の手入れを怠らないことが必要なのです[130]」と述べている。

8 積極性

（1）積極性の法則の意義

① 積極性の法則の意義

「積極性の法則」とは、「一切唯心造」や「因果律」の法則をより具体的に人生に適用した場合における「人生に対する心身の正しい姿勢ないし生き方」を示すものであり、「気を充実させ、心身の態度を常に明るく前向きで積極的な状態で生き続ければ、幸せや成功をもたらす」という法則である。

これに関して、稲盛和夫は、例えば、仕事において、「仕事は、自分一人ではできません。上司、部下をはじめ、周囲にいる人々と一緒に協力しあって行うのが仕事です。その場合には、必ず自分から積極的に仕事を求めて働きかけ、

---

[130] 同上書、175頁。

周囲にいる人々が自然に協力してくれるような状態にしていかなければなりません。これが『渦の中心で仕事をする』ということです」（136頁）と述べている。

　また、これに関連して、「物には可燃性、不燃性、自燃性のものがあるように、人間のタイプにも火を近づけると燃え上がる可燃性の人、火を近づけても燃えない不燃性の人、自分でカッカと燃え上がる自燃性の人がいます。何かを成し遂げようとする人は、自ら燃える情熱を持たなければなりません。……自ら燃えるためには、自分のしていることを好きになるのと同時に、明確な目標を持つことが必要です」（119頁）とし、人のタイプを、自燃型・可燃型・不燃型の３つに分けて、物事を積極的に考え、行動する自燃型の人間を理想形と考えている。

② 積極性の意義

　それでは、ここで積極性[131]とは、どのようなことを「意

---

[131]　なお、積極性の考え方としては、中村天風の「絶対的積極」（心がその対象なり相手というものに、決してとらわれていない状態のこと：財団法人天風会編［2005］『中村天風一日一話』PHP研究所、114頁）が有名である。

味」するのであろうか。

　これに関して、通常、積極性というと消極性と対比されるものとして、消極的でないことと解される。この場合、両者の違いは、程度の差である。他方、ここで「積極性」とは、哲学的な意味での積極性を意味し、「人生におけるどのような状況においても、気を充実させ、心身の明るく前向きで積極的な状態[132]を崩さないこと」というものである。すなわち、これは、積極性という言葉は同じでも、一般的な積極性とは、次の点において異なるものである。

㋐　生き甲斐のある幸せな人生を送るために、常に心身ともに積極的に行動すること

㋑　苦しみから解放されて幸せな人生を送るために、常に憎（にく）い、悲しいなどという消極的（ネガティブ）なことを考えないこと。

　このように、ここでの積極性は、文武両道的に心と身体

---

[132] 積極的な状態では、心や気は浄化され、栄養補給がなされているような状況であるのに対して、消極的な状態では、エネルギーが消費され、汚染され、毒が与えられているような状況である。

164

の双方を常に明るく前向きで積極的な状態にするように努力すると同時に、私的な感情の側面[133]において消極的ではなく、常に明るく積極的なことのみを考えるようにするという点において、一般的な積極性とは異なっている。それゆえ、前者は、前述の「一切唯心造」や「健康」に、後者は、後述の「空」の法則などに関連してくる。

③ 積極性の論拠

幸せになるために、なぜ常に心身が積極的であることが必要なのであろうか。

これに関して、主な積極性の論拠として、次のようなものがある。

㋐ 自然法則的な論拠

自然界では、前向きで積極的なものだけが、生存可能である。すなわち、自然界では、周知のように、「適者生存の法則」や「弱肉強食の法則」が働いており、動植物は自己の力の限りを尽くして、精一杯積極的に生き抜こうとし

---

[133] ただし、一般の社会的な不正などに関しては、当然に正しい怒りを持たなければならない。

ている。この自然法則に則れば、常に前向きで積極的であることの必要性が理解できる。

⑦　心理学的な論拠

　心理学的には、悲しみや怒りなどのネガティブな状況では、人は幸せな状況ではなく、幸せな状況となるためには、ネガティブな状況から解放され、前向きでポジティブな状況になる必要性がある、ということである。

⑦　哲学的な論拠

　哲学的には、後述する「空の哲学」で明らかなように、悲しみや怒りなどについては、一時的な現象としては、確かにそれが存在しているように一見見えるけれども、それには固定的な実体ないし自性はなく、空相のものである。すなわち、悲しみや怒りそれ自体が永久に存在するのではなく、それらは縁起の法によって、一時的に現象化しているに過ぎないのである。それゆえ、悲しみや怒りなどの消極的なことは、固定的な実体ないし自性はなく、空相のものであると正しく理解し、その悲しみなどに囚われず、自己統制によって常に物事を積極的に考え、行動していくこ

とが大切である。

　このように、多くの観点から見て、どのような状況の下においても、常に積極的に生きることが幸せや成功のために大切である、と理解できる。

（2）積極性の2側面

　それでは、この「積極性の具体的な内容」には、どのようなものがあるのであろうか。

　これに関して、積極性には、心と身体の二つの側面があり、その具体的な内容は、図表10－1のとおりである。

図表10-1　積極性の2側面

側　面	状　況	内　　　　容
①心	挑戦的	常に新しいことに興味を持ち、積極的に挑戦していくこと
②身体	訓練的	日々運動を行って身体を積極的に鍛えること

　まず、「心の積極性」は、人生の生き方として、気を充実させ、常に明るく前向きで新しいことに興味を持ち、積極的にチャレンジ精神を発揮し、自己の能力を磨くと共に社会へ貢献していくことである。すなわち、ネガティブな

ことは考えず、常にポジティブな考え方で、失敗や結果を恐れずに、新しいことに挑戦し続け、前を向いて生き続ける。言い換えれば、「心の状態が常に青春であること」が重要である。

　このチャレンジ精神に関して、稲盛和夫は、「チャレンジというのは高い目標を設定し、現状を否定しながら常に新しいものを創り出していくことです。……これには裏付けが必要です。困難に立ち向かう勇気とどんな苦労も厭わない忍耐、努力が必要なのです」（262頁）と述べている。

　他方、「身体の積極性」は、日々運動を行って、身体を積極的に鍛えることによって、健康を維持増進していくことである。このように、心身両面において、常に積極性を発揮し、自己の能力を常に出し切ることが大切である。

　この挑戦的であれということに関して、例えば、"Stay hungry, Stay foolish!"（Steve Jobs：常にハングリーであれ、常に愚かであれ！　すなわち、常に挑戦的で、常に他者からより良いものを学び続けろ！）というものが思いだされる。これを地で行った人物が、例えば、パナソニック

（旧松下電器）の創業者（松下幸之助）であった。彼は、常に挑戦的（hungry）であり、かつ常に素直であることに心掛け、他者により良い意見を求め（foolish）、それを尊重して、今日の世界的な大企業を築き上げた。このような積極性や素直さは、進化や発展の母である。

　このように、日々の生活において、心身の双方の積極性を常に発揮することが幸せや成功のために大切である。すなわち、後述の「幸福の方程式」で示すように、積極性は、人生において心の姿勢として最も大切なものの一つである。

9　潜在意識

（1）潜在意識の法則の意義

①　潜在意識の法則の意義

「潜在意識の法則」とは、「一切唯心造」や「因果律」の法則を積極的に活用するという側面において、正しく潜在意識を活用すれば、心に思い描いたとおりに夢や目標が実現する、という法則である。

　これに関して、例えば、稲盛和夫は、まず「未来に向

かって夢を描けるかどうかで人生は決まってきます。自分の人生や仕事に対して、自分はこうありたい、こうなりたいという大きな夢や高い目標を持つことが大切です」（361頁）と述べ、夢や目標を持つことの大切さを力説している。

　次に、どのようにこれを達成すればよいのであろうか。これについて、「高い目標を達成するには、まず『こうありたい』という強い、持続した願望をもつことが必要です。……純粋で強い願望を、寝ても覚めても、繰り返し繰り返し考え抜くことによって、それは潜在意識にまでしみ通っていくのです。このような状態になったときには、日頃頭で考えている自分とは別に、寝ているときでも潜在意識が働いて強烈な力を発揮し、その願望を実現する方向へと向かわせてくれるのです。私がここで強調したいことは、『強く持続した願望を持つ』ということであり、言い換えれば、それは、『私は人生をこう生きたい』……ということを、強く、継続して思い続けるということです。そうすることによって、初めて潜在意識にまで願望を透徹させることができるのです」。また、「その思いが潜在意識に入っていく

と、思いもかけない瞬間に、パッとひらめくことがあるのです」。そして、「強く持続した思いが実現するということは、普遍的な真理なのです。潜在意識を使う使わないはそのプロセスの一つでしかなく、『どうしてもこうありたい』と願えば、それは必ず実現するのです」（240－248頁）。

　すなわち、この場合、「『その［夢や目標の］成就はただ不屈不撓の一心にあり』、つまり、どんな困難が立ちはだかっていようとも、自分は一心不乱の努力をするのだという心構えが必要なのです。……どんな艱難辛苦が待ち受けていようともくじけない、岩をも通すような一念でやり遂げてみせる、そのように純粋に思い続けることが成功の秘訣なのです」（250頁）と述べている。

　このように、強く持続した願望を持ち、潜在意識を活用し、夢を実現し続けていくことが大切である。この場合、顕在・潜在意識を活用して、善いことを思えば、善いことが実現する。それゆえ、この法則を正しく活用し、自己の尊い人生を生き抜くことが大切である。

② 顕在意識と潜在意識

　幸せのために知っておくべき「意識の種類」には、どのようなものがあるのであろうか。

　これに関して、一般に日常において自分で意識している「顕在意識」と、自分では意識していないが、心の奥底にある「潜在意識」の二つがある、と言われている。そして、その比率は、よく顕在意識は氷山にたとえられることが多い。すなわち、自分が普段意識している顕在意識は、水面からわずかに頭を出している氷山の一角である、といわれている。潜在意識には、本能やこれまで経験してきた知識や体験などが保管され、潜在能力とも結びついて強力な能力を秘めている。この場合、能力に関して、通常人間は、潜在的な能力のせいぜい数十パーセントしか、現実には使用していない、と一般にいわれている。

　潜在能力の例としては、例えば、「火事場の馬鹿力」などはその典型例であろう。このような自己の潜在能力を信じ、心の態度を積極的にし、自己にエネルギーを吹き込みながら、最後まで耐え抜く忍耐力と持続力を与え、物事を

やり遂げることが大切である。

③ 潜在意識の活用

それでは、どのようにすれば、夢を実現するために、潜在意識を上手く「活用」することができるのであろうか。

これに関しては、一般に「顕在意識による積極的な暗示を活用して、潜在意識を上手く働かせる」というものであり、次のような方法による。すなわち、まず、積極的な心の態度で、頭の中にできるだけ明確に夢を描き、その夢を日夜常に顕在意識で強く思い、エネルギーを潜在意識に与え続け、その夢に向かって忍耐力を持って情熱的で誠実な努力を重ねる。この場合、実現するまで絶対に諦めないという「覚悟」を決め、絶対にその夢を実現できると暗示を与え続け、かつそれを信じ切ると共に、途中における失敗に挫けないで、夢を実現するまで努力を続けることである[134]。なお、ここで「覚悟」とは、自分の命の使い方にスイッチ

---

[134] 自分の夢や志を達成できるか否かは、一般に、㋐体力、㋑知識などの認知能力と並んで㋒やる気、情熱、協調性や忍耐力などの非認知能力が必須である、とされている。

を入れることである。

　この夢を達成するための潜在意識の活用の要点は、図表11－1・2のとおりである。このうち最も大切なことは、例えば、昔の人が空を飛びたいという夢を持ち、それを飛行機に結び付けたのと同様に、できるだけ大きな夢を明確に持ち、エネルギーを与え続けることである。逆にいえば、「私なんかダメだ！」という不当な根拠のない自己能力の限定（「リミッター」）によって、大きな夢を持たないことが、最ももったいないことである。人生の最大の失敗は、挑戦しないことである。

　いつの時代においても、小さい自己だからこそ、自己の「リミッターを外し」て、大きな夢や志を持つこと、すなわち、「Boys be ambitious！（少年よ、大志を抱け！）」（ウィリアム・クラーク）、また、「人生において新しいことを始めるのに遅すぎるということはない」ということである。そして、積極的な暗示を活用して、その夢の実現を信念化し、失敗を恐れず、情熱的な努力を続けていくことである。

　なお、この潜在意識の活用についての説明は、現在の生活の基礎となっている著者自身の大学院受験や公認会計士受験などの経験を基礎としている。

（2）潜在意識の活用

図表11-1　潜在意識の活用の要点

①正しい明確な夢を設定すること【明確な夢の設定】
②夢を日夜顕在意識で思い続けること【夢の信念化】
③夢に向かって情熱を持って努力を継続すること【努力の信念化】
④何度失敗しても、成功への一里塚と思って、努力を続けること【失敗に挫けない努力】
⑤夢の実現を信じ切ること【夢の実現の信念化】

図表11-2　潜在意識の活用と夢の実現

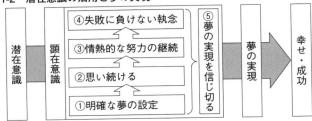

①　明確な夢を設定すること：明確な夢の設定

　夢を実現してくれる潜在意識を活用するためには、まず

挑戦的な精神に基づき、例えば、社長になるというような「明確な夢を持つこと」が必須である。これなくしては、潜在意識は全く働かない。この場合、夢は、曖昧^{あいまい}なものであってはならず、具体的で明確でかつ正しくなくてはならない。なぜならば、正しさに関して世の中全体としては通常誤っていないので、夢を実現するためには、そのことについて世の中の容認や支持を得ることが大切だからである。そして、自分の強み[135]を生かすようなものが望ましい。というのは、これによって、自己の強みを伸ばしながら、社会貢献もできるからである。

② 夢を日夜顕在意識で強く思い続けること：夢の信念化

次に、夢を実現することについて覚悟を決め、顕在意識で強力な暗示をかけ続け、エネルギーを与え続けることによって、潜在意識を上手く機能させてやる。すなわち、潜在意識を活用するのには、1度や2度軽い気持ちでちょっと思った位では、潜在意識まで全く浸透せず、機能もしな

---

[135] 好きで自己の強みのある分野では、一般に成功する可能性もそれだけ高くなり、自己肯定感もあり、幸福感も高くなる。

176

い。顕在意識で日夜夢を一心に強く思い続け、それが信念
となること（「夢の信念化」）によって初めて、潜在意識が
それを受け止めて、作用し始めるのである。

　このように潜在意識は、軽い意識には反応せず、「本気
や本音に反応する」ので、信念となるまで本気で夢を一念
に強く思うこと、すなわち自己暗示をかけ続けることが必
要である。この夢の信念化によって、情熱を持って、一心
不乱に夢の実現を考えることによって、潜在意識が、夢を
実現するための課題や問題を整理し、その解決のためのヒ
ントを与えてくれる。よくリラックスしている入浴中や睡
眠中などで、例えば、良いアイデアやインスピレーション
が浮かぶことがあるが、これは潜在意識が常に夢の実現の
ことを考えていて、それに対するヒントを与えてくれるか
らである。

　この場合、睡眠中にインスピレーションを得たい場合に
は、寝る前に、インスピレーションを得たい事項について
一心に考え、かつメモ用紙と筆記用具を常に枕元において
置くことが大切である。

③ 夢に向かって情熱を持って努力を継続すること：努力の信念化

　潜在意識は夢を実現してくれるものであるが、それを実現するためには、本人の努力が必須である（「努力主義」）。そこでは、明確で正しい夢に向かって情熱を燃やし、揺らぐことのない「努力の信念化」によって、忍耐力を持って、不断の努力[136]を重ねなければならない。また、現在自分の能力が不足している場合には、研修などに参加し、能力の向上に努めることも有効である。例えば、毎日１mmずつの向上でも、自分のできることを着実に実行するという誠実な努力の上に、夢も叶うというものである。ただ単なる夢や希望だけでは、単なる希望的観測に過ぎない、ということが現実であり、日々の必死の努力こそが命である。

④ 何度失敗しても、成功への一里塚と思って、努力を続けること：失敗に挫けない努力

　潜在意識を活用しても、１度で必ず成功するとは限らな

---

[136] 「血のにじむような努力」・「人一倍の努力」といってもよい。

い。むしろ夢が大きいほど、失敗の連続であることも少な
くない。しかし、この失敗を失敗としてネガティブに捉え、
へこまずに、未来の視点から未来においてより良きものを
生むための一つの関門、すなわち成功のための一里塚[137]と
して、成功により一歩近づいている[138]とポジティブに捉え
ることが大切である。

　そして、折れそうになる自分の心に鞭打ち、実現するま
で絶対に諦めないという覚悟を決め、「不屈の精神」ない
し「不退転の決意」で、失敗で得た教訓を生かし、常に改
良を重ねて、自己の成長（「教訓→改良→自己成長」）を
図っていくことが大切である。すなわち、過去の経験を、
より良い現在と未来を構築するために有効に活用し、どの
ようにしたら夢が実現するのか、いろいろな方法を創意工
夫しながら、夢の実現だけを考え、最善の努力を続け、初
志を貫くことが大切である。反対に、自ら限界を作り、失

---

[137]　「このやり方では駄目だ！」という良い教訓とすること。
[138]　ほんの少しでも良くなったり、新しいことを知れば、それはその人にとって「実質
　　　的な進化や成功」である。

179

敗に負け、心が折れたとき、「本当の失敗」が確定することとなる。

　なお、行動主義によれば、過去の結果としての現状ではなく、未来の視点から前向きに未来において新しい成果を作り出すための現在の努力こそが大切なものであり、過去を悔やむのではなく、未来のより良い成果を楽しみとすることである。そして、成功するための最善の方法は、教訓を生かして日々工夫を重ねながら挑戦を続けることである。すなわち、「成功の分岐点」は、失敗の捉え方と、その後に改良を加えながら継続的な努力ができるか否か、ということである。このような苦境の克服が一つの糧や節となり、それらの経験が多いほど、その人はより強くなれる。

⑤　夢の実現を信じ切ること：夢の実現の信念化

　この場合、非常に大切なことは、人間のみに与えられた人間らしい未来の視点からの未来力[139]を持ち、夢の実現を信じ切ること、すなわち「やれば必ずできる」というよう

---

[139]　未来の状況を信じて、現在そのための努力ができる能力のこと。

に「夢の実現の信念化」をすることである。夢の実現を疑ったり、諦めるような気持ちが生じた場合、潜在意識は、本音に忠実なので、その本音の方に反応してしまう。また、他人との比較などをすることもよくない。その比較によって、ネガティブな意識を自己に感じさせると、潜在意識がそちらに反応するからである。あくまでも、比較などを行わず、ひたすら夢の実現を信念化し、その信念を貫き通すために、日々情熱を持って、努力を継続し、全力を出し切ることである。そして、一つの夢が実現したら、それを糧として、また新しい夢に挑戦するという好循環を生み出すことが大切である。

　このように、潜在意識の活用による夢の実現は、別の表現をすれば、まさに不屈の強い思いを持って、考え、行動をし続け、信念を貫き通せば、それがいつかは現実のものとなるという「信念の法則」とも呼べるような内容である。

　そして、潜在意識を上手く機能させるためには、前述のように、「積極的な暗示」を上手く活用し、自分は絶対に夢を達成できると暗示をかけ続けることである。なお、こ

の夢の達成は、簡単なものであれば、短期間に達成できるけれども、大きな夢は何十年ないし一生かかることもあるので、時間の長短は、状況によって異なることはいうまでもない。すなわち、夢の難易度によって、その達成までの期間の長さが変化するが、自然の理にかなったものであれば、覚悟を伴った継続的な努力を続けることによって、例えば、米国のキング牧師の公民権運動やマハトマ・ガンジーのインド独立運動のように、時節因縁に基づいて時期が熟せば、いつかは思いが必ず実現するのである。

（3）リミッター外し

　我々は、一般的に自己の持つ潜在能力のせいぜい数十％しか、実際に使用していないといわれる。それゆえ、顕在意識の活用を通じて、この潜在能力を有効に活用すれば、夢の実現も困難ではない。よく自己の能力を考える際に、

140　すなわち、このことは、少し自分の先祖を遡ってみれば、明白であり、たった20代遡っても約200万人の可能性（血筋）を引いているのである。この現実を直視すれば、自己の潜在能力は無限であるといい得る。

兄弟・両親・祖父母の学歴や職歴などを見て、おおよその水準を決めていることが多い。しかし、それは根拠のない自己能力に対する限定に過ぎないことが多い[140]。

この無限の潜在的な能力を信じ、自己を磨き上げ、それを最大限に引き出し、自己の力を発揮していくことが大切である。そのためには、現在の状況を基礎とする過去志向的な不当な自己能力に対する限定を止め、リミッターを外して、恐れや疲れを知らない真の若者のように、自由で大きな夢を持ち、それに挑戦し続けていくことによって自己の眠れる能力を新たに発見すること、すなわち未来志向的な未来力を持つことこそが大切である。

10　空 (くう)

(1) 空の法則の意義

① 空の法則の意義

「空の法則」とは、人生で日常的に経験する悩みなどの苦しみをどのように考え、また、それに対処していけばよいのかを示すものであり、消極的な感情[141]としての苦しみは、

例えば、台風のように、縁起の法によって確かに一時的に一過性の現象として現れているが、それ自体の固定的な実体ないし自性はなく、永続的に存続する性質のものではない[142]、という法則である。

この悩みなどの苦しみに関連して、例えば、松下幸之助は、「悩みの本質」について、「人間には本来、悩みがない」（198頁）。ただし、「この本来悩みがないということと、現実に悩みが存在するということとは別問題であ」る（196頁）。そして、「本来悩みがないのですから、現実にあるのは人間がこれをつくり出しているのであ」る（199頁）、と述べている。

このように、これを哲学的に解釈すると、悩みなどの苦しみは、一切唯心造の法則に基づき自分が自分で造りだし（自己造出し）たものであり、本来的になく、それは空[143]

---

[141] なお、空の哲学では、本質的に消極的な感情を含む「すべての感情は空である」とし、それを「空一円相」で象徴的に示している。

[142] すなわち、「有るようで無く、無いようで有るという空相としての存在」（色即是空空即是色）である。

[143] それ自体、固定的で永久的な実体ないし自性を持たないこと。

であるということである。このように、「現象を空と観る」ということは、概念によってそれを固定的な実体として設定しない、ということである。このことを明確に自覚して、消極的な考え方を捨て、常に積極的に生きることが、幸せや成功をもたらすこととなる。このように、この法則は、幸せになるためには、必須なものである。

　なお、幸せになるためには、苦しみとはどのような本質のものであり、どのように対処したら良いのかを正しく知り、その対処法を実践することが必要となる。そこで次に、「苦しみの種類」とその「源泉」及びそれへの「対処法」などについて具体的に見ていきたい。

②　苦しみの種類

　まず、人生における苦しみには、どのような「種類」のものがあるのであろうか。

　この「苦しみの種類」には、一般に次のような外的要因の苦しみと内的要因の苦しみに分けることができる。すなわち、「外的要因の苦しみ」とは、西洋的な物質文明で重視されている社会経済的な条件という外的な要因から生じ

る苦しみのことであり、例えば、衣食住が十分でない、お金が足りないなどのものであり、経済的な状況、社会的な地位などから生じるものである。

　他方、「内的要因の苦しみ」とは、東洋的な精神文明で重視されている人間の存在それ自体という内的な要因から生じる苦しみのことであり、一般に「四苦八苦」と呼ばれるものである。これは、その国で一番偉いと考えられる、例えば、国王や大統領であっても、避けることができない苦しみであり、生老病死という「四苦」に、さらに、愛する人と別れなければならない苦しみ（「愛別離苦」）、例えば、嫌いなどの理由で、会いたくない人と会わなければならない苦しみ（「怨憎会苦」）、欲しいのに、それが得られない苦しみ（「求不得苦」）及び健康で盛んであるがゆえの苦しみ（「五蘊盛苦」）という四苦を加えたもののことである。

　なお、本当の幸せは、極めて主観的なものである。それゆえ、これは、西洋的な物質文明で重視されている、例えば、お金、地位、名誉などという外的要因の追求（欲求の

満足）によって得られるものではない。すなわち、例えば、お金について、それを得れば得るほど、それに満足することなく、これに対する欲望も果てしなく大きくなっていく性質のものであるからである。それゆえ、これらの「外的要因は適度に必要である」けれども、これらと幸せとの間に、直接的な関係はない。と同時に、反対の内的要因として、例えば、愛する人と永遠に一緒にいたい[144]などという感情の追求によっても得られるものでもない。

　なぜならば、その内容それ自体が不可能のことを望んでいるからである。それゆえ、このような外的要因の追求や内的要因としての感情の追求でなく、むしろ空の哲学を正しく理解することが大切である。すなわち、空の哲学によれば、悲しみなどの「すべての感情は空であり」、そのような感情による渇愛の追求を止めたときに、初めて苦しみから解放され、本当の幸せになれる、ということである。

---

[144] 身体的（物的）には、永遠ということはないので。

以下では、これらの苦しみのうち、主にこの人間の存在それ自体から生じる「内的要因による苦しみ」と、その「対処方法」について考えていきたい。

③　苦しみの源泉

　私達の日常における悲しみや怒りなどの消極的な感情である苦しみは、どこから「発生」するのであろうか。

　この怒りなどの消極的な感情は、外部や内部の刺激に対して、自然発生的に生じるものであり、心の内から滲み出てくるものである。人間には感覚器官があるので、これらを感じることを拒否することはできない。しかし、次の段階として、この感情をどのように取り扱うのかというコントロールは可能であり、かつ社会で平穏で平和に暮らしていくためには、これを上手くコントロールすることこそが重要である。

　苦しみは、エネルギーの消耗、さらにマイナス（毒）のエネルギーであり、心身に悪い影響を及ぼすこととなる。それは、生きていく気力にもマイナスに働くので、健康に生きていくためには、それを上手に処理し、マイナスのエ

ネルギーを消し去る（「解毒」する）ことが大切である。

④　苦しみの自己造出

　長く深い瞑想修行などを行うと、悲しみや怒りなどの消極的な感情である苦しみは、実は自分自身の心で造り出していること（「苦しみの自己造出」）[145]に気づくことができる、といわれている。すなわち、肉体などに付随する欲求である煩悩に満ちた私たちが、多くの場合において、自我（エゴ）の観点から悲しみや怒りなどの苦しみを自ら造り出しているのである。つまり、通常私たちは、自我の観点から物事を比較し、好きな方を選び、嫌な方を避けようとして、苦しみを自ら作り出しているのである。言い方を変えれば、自我を捨て（捨我法）れば、このような消極的な感情である苦しみは生じないことが多い。

　それは、「本人」は外部刺激によって悲しみなどを一時的で一過性の現象として感じていることは確かであるけれども、そのことに利害のない「他人」はそのようには全く

---

[145]　これは、一切唯心造の消極的な側面の現れである。

感じないことからも、客観的に説明がつくものである。それゆえ、苦しみや怒りなどの消極的な感情で心が傷つくか否かは、各人の思い方に依存し、自分でそれを上手くコントロールすることが可能である。

⑤　苦しみの対処法

　この内的要因から生じる苦しみには、どのように「対処」したら良いのであろうか。

　この「苦しみの処理方法」としては、図表12-1のように、自己処理法と外部依存法がある。

図表12-1　苦しみの処理方法

苦　　し　　み　　の　　処　　理　　方　　法	
（1）自　己　処　理　法	（2）外　部　依　存　法
①自己統制法：自我を統制する方法 例：空の哲学の実践など	①神仏祈願法：神仏に祈願する方法 例：神へのお祈りやお願いなど
②苦楽包摂法：苦をより大きな楽によって包摂する方法 例：仕事後のご褒美など	②酒薬依存法：酒薬で治す方法 例：酒や抗鬱剤などの飲用など
③その他の方法 例：泣く、寝る、食べる、スポーツなど	③その他の方法 例：カウンセリング、セラピーなど

　まず「自己処理法」とは、自己の力で苦しみを処理する

方法であり、これには、例えば、自己統制法、苦楽包摂法(ほうせつ)及びその他の方法がある。ここで「自己統制法」とは、自己の意志の力によって苦しみをコントロールしていく方法であり、例えば、空の哲学を理解し、それに基づいて自己統制を行うことである。また、「苦楽包摂法」とは、苦しみをより大きな楽しみで覆(おお)うことによって、コントロールする方法であり、具体的には、例えば、仕事が終われば、温泉旅行へ行ける、というような場合である。すなわち、そこに、苦しみより大きな楽しみやインセンティブがある場合である。「その他の方法」としては、種々のものがある。例えば、苦しみを紛らわせるために、泣く、寝る、食べる又はスポーツをするなどの方法がある。例えば、ストレスがあると、過食をして、太る人をよく見かけるが、これはその一例である。

　他方、「外部依存法」とは、自己の力ではなく、外部的なものに依存して苦しみを和らげる方法であり、これには、神仏祈願法(しんぶつきがんほう)、酒薬依存法(しゅやく)及びその他の方法がある。ここで「神仏祈願法」とは、神様や仏様にお祈りしたり、お願い

することによって、苦しみを和らげる方法である。これは、例えば、「苦しいときの神頼み」として、日本でも昔から取られてきた伝統的な方法である。また、「酒薬依存法」とは、お酒や薬によって、苦しみを和らげる方法であり、例えば、昔から恋人に振られたときには、深酒をしたり、もっと重症になると薬に頼ったり、という典型的な方法である。「その他の方法」としては、種々のものがある。例えば、苦しみを紛らわせるために、カウンセリングなどを受ける方法である。

　これらのうち、どの方法が一番良いというものはない。幸せになるためには、上述のうちあらゆる方法を用いて、苦しんでいる状況から抜け出すことが重要である。

　なお、苦しみはネガティブで毒であり、できるだけ経験しないにこしたことはないけれども、「毒も適度に用いると薬になる」こともある。すなわち、苦しみも見方によってはポジティブな側面もある。その一つは、苦しみが、人生の情味の一つとなり、それを味わうことで、人間の器がより幅広くなり、他人の苦しみを理解できるようになり、

人間性が向上するという側面である。

　以下では、特に「空の哲学に基づく自己統制法」を中心として説明をしていきたい。その理由は、他者に依存するのではなく、自己の力によって、いつでもどこでも苦しみから自己を解放することができるからである。

⑥　苦しみは空

　空の哲学上、「苦しみの本質」は、どのようなものとして認識されるのであろうか。

「空の哲学」においては、この苦しみという「消極的な感情[146]」は、一時的には縁起の法によって、確かに一過性の現象[147]として現れているけれども、それ自体は固定的な実体ないし自性[148]を持たないもの（無自性）であるということ、つまり苦しみの実相（real being）は、一過性のもの

---

[146] なお、空の哲学では、本質的に消極的な感情を含む「すべての感情は空である」としている。

[147] エネルギーの変化体。

[148] 固定的・実体的な性質。

[149] 松下幸之助は、これと同様な意味で、悩みについて、現象的には、悩みがあるけれども、人間にとって本質的に悩みはあってはならないし、与えられていない、と述べている（196頁）。

すなわち空ないし空相である[149]、ということを明らかにしている。すなわち、そこでは、消極的な感情は、確かに感覚としては一時的に感じるのであるが、それをどのように解釈し、取り扱うのかは、各人に任せられているからである。

　例えば、同じ「バカヤロー！」と怒られたとしても、それにどのように反応するは、各人に任されている、ということである。つまり、図表12－2のように、その言葉に感情的に反応し、条件反射的に怒り返すこと（「直接反応型」）もあろうし、また、もし1回怒られるごとに、例えば、10万円ずつもらえる保険契約になっているのであれば、反対に喜ぶかも知れない。言い換えれば、この消極的な感情をどう処理するかについて、自分に選択権が与えられており、自分でコントロール可能である（「選択対応型」）ということを示している。

図表12-2　外部刺激と反応

① 直接反応型

② 選択対応型

　この場合、図表12－3のように、普通の人は、その消極的な感情を非常に大事にし、その感情に引きずられて、それをさらにあれこれ考え、反芻し、拡大し、深く長く悪化させてしまう。すなわち、外部刺激によって生じた感情によって、自律的にコントロールせずに、むしろ他律的に、心が滅茶苦茶にかき乱されて、非常に不安定な状態になってしまっているのである。そして、消極的な感情によって、自己のエネルギーが消耗されてしまい、不幸な状態を自ら造り出している。

図表12-3　苦しみからの解放

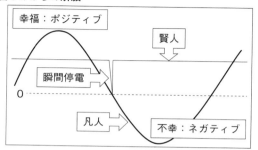

　他方、消極的な感情は自ら造り出したものであり、図表12－4のように、基本的に自我（エゴ）を捨てる[150]ないし自我に基づく執着（しゅうじゃく）を捨てれば、消え失せる。または、「消極的な感情は空である」と明確に自覚（「空観法」（くうかんぽう））し得た賢人は、この消極的な感情は、空すなわち束の間のカゲロウのようなものであり、したがってコントロール可能であり、そのような消極的な感情から自由にならない限り、それに影響され続ける、ということを知っている。

---

[150] 「捨我」（しゃが）すること（「捨我法」（しゃがほう））、ないしエゴを捨てること。本当に自我に基づく執着を捨てれば、消極的な感情である苦しみは消え失せることが多い。

図表12-4　苦の自己処理法

方　法	内　　　　　容
①空観法	すべての現象は空と観る方法
②捨我法	自我（エゴ）を捨てる方法

　それゆえ、この消極的な感情を大事にせず、つまり関わり合いを付けずに、それに直接反応せずに、自律的に元の積極的で明るい心の状態へと戻せるのである。すなわち、前掲の図表12−3のように、自分の心をかき乱す恐れのある感情から自分の心を解放することによって、消極的な感情を瞬間停電として処理し、心が安定し、穏やかな元の状態に戻してしまえるのである。この苦しみという消極的な感情のない状態が、心穏やかで心地よい状態である。

　このように、苦しみを克服できるか否かの分岐点（「苦克服の分岐点」）は、苦しみは固定的な実体ないし自性を持つものではない、という正しい考え方ができるか否かということと同時に、この正見に基づいて消極的な感情に対する正しい対処ができるか否かである。したがって、自分が、苦しみを自己統制することによって、自分を自分で済度できることが大切である。なぜならば、どのような見解

を取るかによって、感じ方や考え方を変えることができるからである。すなわち、自分を最も良く救えるのは、他人ではなく、実は自分自身である。しかも、目の前に現われている現象をマイナス（ネガティブな否定的もの）と解するのか、プラス（ポジティブな肯定的なもの）と捉えるのかで、因果律に従って、未来の視点からは、その後の人生に大きな影響を及ぼすこととなる。

⑦　自律と他律

　苦しみとの関連において、幸せになるために、「感情の取扱い」について、どのように考えればよいのであろうか。

　これに関して、以下のように、「自律」と「他律」という二つの考え方ができる。すなわち、第1は、「他律的な考え方」である。すなわち、一般的に、人間は豊かな感情を持ち、喜怒哀楽を自然に表すのが良いといわれている。また、「人間は、感情の動物である」として、自己の好き嫌いに基づき考え、行動する人も少なくない。当人は、外部刺激に対して、自己の感情に素直に従って自律的に考え、かつ行動している、と思われる。

　しかし、この状況を静かに深く客観的に分析してみると、全く反対の状況であることが明確になる。つまり、「外部の状況や刺激に対して、他律的、感情的に反応している」という状態（「直接反応型」・「変温動物型反応」）である。言い換えれば、例えば、怒りという心理状態を少し深く客観的に観察すると、たとえ現実に相手方が悪いとしても、それが自分の意に沿わないために、自分を相手のネガティブな低さまで下げ、自分が怒ってしまったものであり、他律的にマイナスの影響を受けてしまっている自律神経失調症的な状態なのである。そこには、一貫した自己というものが全くない。

　第2は、「自律的な考え方」である。すなわち、「毀誉褒貶などの種々の外部刺激に対して、瞬間的に自己統制[151]を正常に働かせ、自己の選択権を有効に行使し、その結果外部刺激に対して直接的に反応しない」（「選択対応型」・「恒温動物型反応」）というものである。これは、たとえてみ

---

[151] 克己心に基づく自己のオートマティック・スタビライザー（自動安定化装置）を正常に働かせること。

199

れば、雨の日も、風の日も、「常に自分の心の中に、晴れの日を持っている」人である。外部刺激には、一切左右されず、自己の信念を伴った正しい判断基準に従って考えかつ行動する、という自律的な人である。

　言い換えれば、「富士山のように、黙って動かない自律的で安定したものに自分を作り上げている人」のことであり、「自分で自分の機嫌を上手く取れる人[152]のこと」である。このように、たとえ相手が悪意を持って、何かを言ったとしても、それを良い方に善意に解釈し、それに直接反応せずに、自己の自由な選択権を行使し、上手く受け流すことこそが、腹を立てずに、心の平静を保ち続けられるか否かのポイントである。

　そもそも、「外部刺激によって、自分の気持ちを、怒りや悲しみなどの消極的な状態にすることを、本当に本人は望んでいるのか否か」を考えてみれば、答えは明確である。

---

[152] 他律と自律の関係は、ちょうど「変温動物」と「恒温動物」にたとえられる。すなわち、暑さ寒さという外部の気温の変化に関わらず、感情の側面において、常に約36度の体温（すなわち上機嫌な状態）を保てる人間になりたいものである。

本来だれでもが、外部刺激に関わらず、常に明るく、穏やかな気持ちでいたいはずである。もし本当にそうであるとするならば、外部刺激という他律によらず、克己心と信念に基づき「心の中に常に自分の太陽を持ち続け、自分の機嫌を上手く取って生きる」という自律的な生き方をすることこそが、本来的な姿であることが明確に分かるであろう。

⑧　感情の処理方法

　苦しみなどの「感情の処理方法」には、どのようなものがあるのであろうか。

　人間には、自己保全などのために感覚器官があるので、ある刺激に対して一定の感覚が反射的に生じる。それゆえ、この感覚を感じてはいけないということは、不可能である。

　しかし、その次の段階として、この感覚をどのように取り扱って行くのか、ないし対処するのかが非常に重要であり、その対処の仕方に応じて、その結果が大きく異なってくる。

　すなわち、空を理解せず、消極的な感覚の正しい処理方法を知らない一般の人は、自己統制を行わず、苦しみなど

の消極的な感情をそのまま受け入れ、大切にし、さらに自らそれを反芻し、長く、深くそして悪化した状態にしてしまう。これは、心が感情にハイジャックされ、他律的に使われて、心が滅茶苦茶にかき乱されて感情の踊り子になっているという状態である。つまり、自分で自分の苦しみを増大させているのである。この状態は、消極的な心の状態なので、幸せではない。

これに対して、空を正しく理解し、それゆえ感覚の正しい処理を知っている人は、消極的な感覚が生じても、克己心に基づく自己統制によって、それに直接反応せずに、瞬間的にそれを処理し、明るく穏やかで積極的な状態に、心を戻すことができる。それゆえ、消極的な感覚をまさに瞬間停電の形で処理してしまえるのである。なお、これを別の言葉で表現すると、感じても、思わなければ考えない、という対処法である。すなわち、人間は、一度に二つのことを考えられない。したがって、できるだけ苦しみのことを考えないで、それを上手く受け流し、別の楽しいことを考えるようにすることである。

　このように、苦しみから解放され、幸せに生きるために
は、苦しみの本質を正しく理解し、自律的に対処する方法
を身に付けることが必須である。

（2）苦境とその対処法

①　苦境とその対処法の概要

　それでは、人生における苦境は、どのように「対処」し
ていけばよいのであろうか。

　長い人生においては、時々ディープインパクト（強い衝
撃）を与える苦境・逆境・試練という運命に遭遇すること
がある。この苦境などの運命をどのように捉え、対処して
いくか、すなわち苦境の取扱いは、極めて重要であり、幸
せや成功に大きな影響を及ぼすこととなる。

　この「苦境の対処法」としては、図表12－5のような方
法が考えられる。

図表12-5　苦境の対処法

苦境	受容	積極的受入法	事実だけを受け入れ、心は悩ませないもの	克服し幸せへ
		消極的受入法	事実だけでなく、心も悩ませるもの	失望し不幸せへ
	拒否	拒　否　法	事実を受け入れない現実逃避的なもの	非現実的で不幸せへ

　すなわち、苦境の対処法として、その苦境などを受容する方法（「受入法」）と拒否する方法（「拒否法」）とがある。通常は、前者の苦境を受け入れることが多い。しかし、後者の苦境を受け入れない方法も考えられる。ところが、この苦境を受け入れない方法は、現実からの逃避であり、通常の生活はなり立たない。この方法は、非現実的であり、現実を直視し、それに対処しようとしないので、結果として幸せにはなれないであろう。

　他方、前者の苦境を受け入れる方法には、さらに次の二つのものがある。第1は、「消極的受入法」すなわち苦境を消極的に受入れ、事実のみならず、心も悩ます、ないし時々心も折れてしまうものである。この方法は、現状に失望し、悩み、消極的な対応しかせず、自信と自尊心を失わ

せることとなり、幸せにはなれないであろう。

　他方、第2は、「積極的受入法」すなわち苦境を積極的に受入れ、事実だけは事実として完全に受け入れる（完全受容する）けれども、心は悩ませない、つまり心は折れないようにするものである。そして、このような状況の下においても、未来の視点から「せっかく生じた試練なので、必ず何らかの意味がある」と考え、その試練をより良い未来の自己の成長や進化向上のための学習の機会であると積極的に捉え、未来志向的に将来に向けて、今何ができるのかを冷静に考えて、その対処に最善を尽す方法である。なお、このような状況の下で、将来に不安を感じ、取越苦労をする人は、まだ心に余裕がある人である。すなわち、本当に真剣に現実に対処している人は、ちょうど熊や虎などの猛獣と突然遭遇したときのように、その一瞬に生死を懸けて、真剣に現実に対処する。つまり、緊急事態に遭遇し、それに真剣に対処しているときは、一般に悩みなどの雑念はなくなる。

　すなわち、この方法は、苦境の時こそ未来志向的に折れ

ない心と夢を持ち、積極的な暗示を活用し、その夢を苦境克服のためのエネルギーに変換し、夢の実現を楽しみとして、その苦境に挑戦し、創意工夫をしながらそれを克服していく努力を継続するものである[153]。そして、苦境のときに夢に向かって忍耐力を持って、できることを行う人は、絶望を感じることはない。そして、その苦境を克服したときに、達成感や自己肯定感と共に、自信と自尊心が育ち、幸せになることができる。つまり、「人生に絶望はない」ということを体験できる。このように、苦境を克服してこそ、より大きく人間的に成長することができる。

② 苦境の対処思考

　苦境に陥ったときに、それに上手く対処するために、どのような「思考方法」を取ったらよいのであろうか。

　これに関して、次のような「複眼思考（ふくがん）」と「包摂思考（ほうせつ）」という有益な考え方がある。

---

[153] 苦難をよく耐え忍ぶ場合のみ、最後に道が開けるのである。そして、このように、苦難を乗り越えていくところに、人間としての成長と真の偉大さや尊さがある。

㋐ 複眼思考

まず第1の考え方は、「複眼思考」である。これは、図表12−6のように、現在自分が置かれている状況を常に一歩下がって一段高いところから客観的に見るものである。

図表12-6 単眼思考と複眼思考

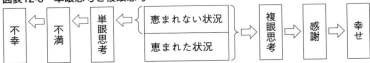

すなわち、これは、現在の自分の不幸や不満などを単眼的に見るのではなく、それと同時に、社会全体として客観的に見た場合に、様々な条件や環境について現在の自分がどの位恵まれているのかを、複眼的に見て、現在の苦境を克服するためのエネルギー[154]に変える方法である。別の表現をすれば、無い方を見るネガティブな見方から、有る方を見るポジティブな見方へ思考の転換を行うことによって、心豊かになり、生きて行くエネルギーを得ていく方法であ

---

[154] 苦境克服エネルギーのこと。

る。つまり、無の世界から有の世界への視点の転換をする
ものである。このように、実際に生じている事実と自分が
感じている現実との違いは、単に視点の違いによるところ
が大きい。普段私たちは、自我的な自分の利害得失という
観点から単眼的にしか事実を見ていないことが多い。

　言い換えれば、単眼的に見れば、たとえ自分が現在恵ま
れていない状況である、と考えられる場合でさえ、例えば、
東日本大震災を思い浮かべれば理解できるように、これを
「複眼的に眺め、逆転の発想」をすれば、自己を取り巻く
条件や環境として、現在これだけの状況で済んでおり、ま
だ見捨てられていないことや生きていること自体、恵まれ
た状況であることが理解できる。同様に、健康で普通の家
に住み、３度の食事ができ、愛する家族や親しい友達がい
ることなど様々なことで、自分は非常に恵まれており、ま
だ現在の自分にできることがある、ということに心から感
謝し、それを、苦境を切り拓くためのエネルギーに変えて
いくことができる。

　このような感謝は、物を貰ったり、親切をして貰ったと

きなどに感謝をする不完全感謝に対して、現在自分が置か
れている恵まれた条件や環境に対する完全感謝である。こ
の感謝は、満足などと共に、幸せへの片道切符である。こ
のように、あるある精神[155]に基づき、自分が非常に恵まれ
た環境にいるという自分自身の状況を、複眼思考で意識的
に、客観的に眺めることが、どのような状況の下に置かれ
たとしても、幸せに、そして苦境を克服するためのエネル
ギーを得、それを「解毒能力[156]」として活用するためには、
大切なことである。

　なお、幸せになるためには、「自他比較[157]」や「自自比
較[158]」によって、他人や以前の自分と比べて現在の自分が
劣っており、それゆえそれが自己否定につながるような否
定的な側面に関する比較を絶対に行わないことが大切であ
る。反対に、いわゆるあるある精神の観点から見て、「たっ

---

[155] 自己の生存に必要なものは、贅沢を言わなければ、自己の周りに既に十分にあると
いう考え方のこと。
[156] 苦境というマイナスのエネルギーである毒を克服する能力のこと。
[157] 自己と他人との比較のこと。
[158] 以前の自己と現在の自己との比較のこと。

た今新たにその状況の下で生まれてきたものと仮定」して、現在自分がまだ持っているもの、できることないし恵まれていることという肯定的な側面にのみ注目し、現在の状況を前提として、図表12－7のように、未来の視点からベストを尽くすことこそが、苦境を切り拓くためには重要である。

図表12-7　複眼思考と包摂思考

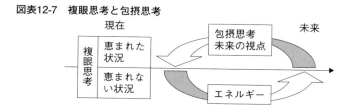

⑦　包摂思考

第2の考え方は、「包摂思考」である。これは、図表12－7のように、まず苦境などを含めて、すべての現在自分に与えられた状況は、未来の視点から何か必ず意味があり、すべて学びの対象であり、未来においてより良い自分（自己の進化向上）となるために、せっかく生じたものである。すなわち、この苦境を乗り越えると、人間として一

回り大きく成長し、将来においてさらに良い人生が待っているとポジティブに捉え、素直にそれを包摂し、現状を肯定し、常に明るく努力をする、という考え方である。換言すれば、どのように過酷な運命の下においても、心を折らずに、自己の進化向上のために、「今日この瞬間に新たに生まれた」ものと考え、その状況を全面的に受け入れ、希望を持ち続け、生き抜こうとするものである。

　また、これに関して、例えば、進化論的に説明すれば、すべての生物は、「順境のときに退化し、逆境のときに進化する」と一般にいわれている。そして、儒教的にいえば、「窮即変、変即通」（窮すれば即ち変ず、変ずれば即ち通ず：『易経』）ということでもある。つまり、苦境は、見方を変えれば、より良い将来に対する現在の関門であり、自己の大きな進化や成長のチャンスでもある。このように、包摂思考に基づき、苦境にへこまずに、それを肯定し、未来の視点から、それをより良い未来へのチャンスとしてポジティブに捉え、感謝しかつ信念を持って、突破口を切り拓いていくことこそが大切である。

このような苦境の時には、普段見えない物事の本質や真理が良く理解できるようになる。そして、そのことに関する哲学が完成し、人生に対する覚悟ができる。ここで覚悟とは、自分の命の使い方にスイッチを入れることである。これが不動の信念となって、常に工夫を加えながら努力を重ねることによって苦境を乗り越え、運命を切り拓いていける。

（3）心の法則の小括

　以上が心の法則の具体的内容である。幸せな人生を送るための正しい心の姿勢の内容を示す法則としては、因果律、健康、一切唯心造、自他一如、慈愛、感謝、本心良心、積極性、潜在意識及び空の法則があった。しかも、これらの法則は単なる知識ではなく、日常生活の中で、それらを常態として実践することによって初めて、真に幸せで成功した生活が送れる、というものである。是非一つでも多くの法則と調和した生活を送ることによって、多くの幸せを体感し、幸せで成功した人生として頂きたい。

第 4 章

幸福と成功の
方程式

1 幸福と成功の方程式 ────────

(1) 人生の方程式

　これまで説明してきた心の法則を前提として、ここでは、どうしたら幸せな人生が送れるのかについて、日常的な実践上の指針として、心の法則を方程式の形で簡潔に再構成した「幸福の方程式」（formula for happiness）を考えてみたい。

　このような「方程式」として有名なのが、稲盛和夫の「人生の方程式」（人生・仕事の結果＝考え方×熱意×能力）（330頁）であり、これは、「人生や仕事の結果は、考え方と熱意と能力の３つの要素の掛け算できまります」（330頁）というものである。

　この方程式において、「このうち能力と熱意は、それぞれ零点から百点までであり、これが積で掛かるので、能力を鼻にかけ努力を怠った人よりは、自分は普通の能力しかないと思って誰よりも努力した人の方が、はるかにすばらしい結果を残すことができます。これに考え方が掛かります。考え方とは生きる姿勢でありマイナス百点からプラス百点

まであります。考え方次第で人生や仕事の結果は百八十度変わってくるのです。そこで能力や意欲とともに、人間として正しい考え方をもつことがなによりも大切になるのです」（330頁）。

しかも「確かにどんな考え方を持つのも自由だと思います。しかし、その自由の中で自分がどのような考え方を選択するかによって、自らの人生、運命が決まってしまう。そこまでわかっている人が、果たしてどれだけいるでしょうか」（343頁）と極めて重要なことをさりげなく述べている。

このように、彼は、「人生というものは心に描いたとおりになる、と言っています。ここにある、『心に描くもの』とは、人生の方程式でいう『考え方』に当てはまるでしょう。……その三要素の中で一番重要なものが『考え方』です。心に描いたもの、心に抱いたもの、自分が持っている考え方、思想、哲学、それらがそのまま人生に現われる、そのことを私は『心に描いた通りになる』と表現しているわけです」（356－357頁）と述べている。

上述のような考え方を参考にして、心の法則を「幸福の方程式」として再構成してみると、図表13－1のように表すことができる。

図表13-1　幸福の方程式

　この式では、幸せになるために、この方程式それ自体が心の法則のうち最重要で包括的な根本法則である「因果律」（「因果の法則」）を示している。すなわち、まず因（自助努力：自力本願）として、「考え方」、「積極性」[159]と「実践力」の三つを示している（なお、これを、稲盛和夫の「人生の方程式」と同様に、「考え方」「熱意」「能力」としても全く問題はない）。次に縁（他者や環境による影響：他力本願）として、「縁」を挙げている。そして、これらの因と縁との相互作用により、果（調和やシナジー：自他
(じた)

---

[159] ポジティブなエネルギーないし気のこと。

力両願[160]）としての幸せが得られる、ということを示している。なお、それぞれの構成要素の説明は、以下で詳しく行っている。この場合、昔からの諺にもあるように、「人事を尽して天命を待つ」という心構えが大切である。この因果律は、これだけを正しく理解し、実践することでも、人生は十分に幸せに送れる、という位重要なものである。

　これはまた、図表13－2のような「成功の方程式」でもある。

図表13-2　成功の方程式

考え方 × 積極性 × 実践力 × 縁 ＝ 成功

　すなわち、この式は、幸せも成功も同じ法則に基づいている、ということを示している。なお、夢は成功の大きな要素である。それゆえ、できるだけ歴史の一部となるような大きな夢を持つことが大切である。

　それでは、次にこの幸福の方程式の個別的な内容の説明

---

[160] 自分のできることを「全て出し切って」（自力）、その後の結果を「天に任せる」（他力）という考え方である。

に入っていくこととする。

（2）考え方

　幸福の方程式におけるこの「考え方」に関連する主な心
の法則は、前述の一切唯心造、因果律、慈愛、本心良心及
び空の法則などである。

① 　考え方の重要性と一切唯心造・因果律

　幸福の方程式を考える場合に、最も重要なのが、稲盛和
夫も繰返し強調しているように、「考え方」である。なぜ
ならば、この考え方は、「一切唯心造」というすべての起
点を表しており、行動と結果の方向性を決めるからである。
そして、ここにおいても「因果律」が働き、未来の視点か
らは善因善果・悪因悪果という法則が作用するので、まず
善いことや積極的なことのみを考えたいものである。

② 　考え方の動機としての慈愛

　幸せになるための秘訣は、考え、言葉及び行為のすべて
の起点として「慈愛」があることである。すなわち、日常
的な行動が、慈愛を動機として行われる場合には、その行

為が相手に理解され、喜ばれ、当事者間に親密さや信頼が生まれ、質の高い交友関係が築け、その結果、お互いに幸せになれる。

③　考え方の判断基準としての本心良心

　幸せな生活を送るための判断基準として、絶対にぶれのない、常に真北に輝く北極星や羅針盤としての役割を果たすものが、「本心良心」である。この内なる声に従って、善いこと、正しいこと、大義名分のある社会に貢献できるようなことを自主的に考えることが大切である。

④　考え方と六自力・六思力・三断力

　この場合、幸せで成功した人生を送るために、物事を考えるときに、前述の「自由、自主、自立、自律、自尊及び自燈」という自己が持つべき六つの精神（「六自力ないし六自の精神」）が必要である。

図表13-3　考え方（六自力と六思力）・自己リーダーシップと三断力

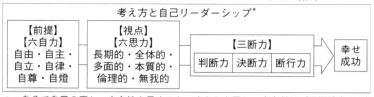

＊：自分で自己の正しい方向性を示すこと、すなわち正しい方向付け（目標設定など）を行うこと

　そして、これに加えて、図表13－3のように、正しい考え方についての六つの視点として、「長期的に、全体的に、多面的に、本質的に、倫理的にかつ無我的に考える力」である「六思力（ろくしりょく）」が大切である。さらに、これらを前提として、現実の社会では、実践力としての「三断力（さんだんりょく）」（判断力・決断力・断行力）が必要となる。そして、物事の本質を正しく見抜き、正しく適切な方向性を導くために、常日頃から六思力を基礎とする直観力を磨き続けることが非常に大切である。

⑤　自己実現と自己完成

　幸せな人生を送るため、人生の目的として、どのような「欲求の取扱い」がよいのであろうか。

　これに関して、大きく西洋的な「自己実現型の考え方」

と東洋的な「自己完成型の考え方」の二つが考えられる。
なお、私達が持つ欲求は、生命力の現れであり、それ自体
は、善でも悪でもない。その「欲求の満足のさせ方」こそ
が問題なのである。すなわち、社会全体の繁栄、平和や幸
福への貢献などのためになれば善、反対にそうでない場合
には悪となる。それゆえ、社会貢献となるような大きな欲
求を持つことが大切であろう。このように、欲求の充足を
自由にコントロールできるように、自己の精神力を高め、
自分の利害のためだけではなく、より広く社会のためにも
なるような欲求充足の仕方をしたいものである。

　前者の「自己実現型の考え方」は、「マズローの欲求5
段階説」として有名なものである。そこでは、一番基礎的
な食事や睡眠などの自己の「生理的欲求」から始まって、
最高のレベルの「自己実現の欲求」で終わるものであり、
わが国を含めて、西洋などで主流の考え方である。これは、
西洋的な物質文明で重視される社会的な地位、名誉、財産
など自我すなわち（「自我的理性の欲求」である）自己の
利害を中心的なものと考え、必ずしも無我的・利他的な社

会貢献などをその中心的・中核的なものとしているわけではない。例えば、金融市場で巨額のお金を儲けるヘッジ・ファンドなども自己実現型の考え方であるといってもよい。

　これに対して、東洋的には、昔から「自己完成型の考え方」がある。これは、精神文明で重視されるように、自己を中心として考える自己実現の上に、さらに無我的で利他的な考え方を基礎とする「自己完成」ないし「自己超越」・「自己拡大」を設定するものである。そこでは、自己のためという利己主義的な考えというよりは、無我的理性の欲求である利他主義的な考えに基づき、世のため人のためという一層の人格や人間性の向上が見られる。言い換えれば、それは、明確に自己の利害を超えて、慈愛や利他という他者を思いやる精神に基づき社会に貢献することを欲求とするものである。すなわち、簡単にいえば、図表13－4のように、「自己の進化向上による幸福のための自己実現と社会貢献を常に同時に達成していく状態[161]が自己完成である」。

---

[161] これを言い換えれば、煩悩即菩提すなわち自己の欲求の満足を利他行・社会貢献へ向けることである。

図表13-4　人生の目的としての自己実現と自己完成

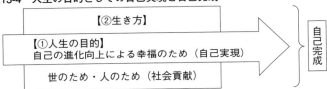

例えば、利他をビジネスの基本と考える稲盛和夫は、自己完成の考え方である。そして、本心良心を中心として考えた場合には、自我を離れた考え方なので、後者の自己完成型の考え方と整合性がある。社会貢献を考え、行動すれば、人類の進化向上がなされ、お互いに幸せで、安定した平和な社会が実現できる。

⑥　労働観と自己完成

人間の欲求と関連して、どのような「労働観」があり、幸せになるために、どれが望ましいのであろうか。

これに関して、一般的に、図表13－5のように、主に三つの考え方がある。

図表13-5　労働観と自己完成

①労働使命説				社会貢献重視	（労働）快楽
②労働職人説	自己実現	自己完成		↕	↕
③労働対価説				対価重視	（労働）苦痛

㋐　労働対価説

　「労働対価説」とは、どちらかといえば、唯物論的で西洋的な考え方で[162]、本業としての労働は、経営者と従業員ないし資本家と労働者というような関係を前提として、トップ・ダウン型のもの[163]で、本来辛いものであり、生活の糧を得るための職業として、「嫌いな仕事」をいやいやながら使われてさせられているという「やらされ感」のある考え方である。すなわち、対価としての給料を得るために働くという利己的なものである。このように、この考え方は、どちらかといえば、お金を最高価値基準[164]とし、「お金に使われている働き方」である。

　この観点からは、対価のために半強制的に行わざるをえ

---

[162]　わが国においても西洋教育の結果、この考え方によっている人も少なくない。
[163]　上からの命令で仕事を行うという上意下達のもの。
[164]　拝金主義的な考え方。

ない労働は苦痛であり、したがって労働時間は短いほど、そして給料は高いほど良いというものである（「労働苦痛説」）。この考え方の下では、一般に自主的、積極的に仕事をせず、消極的に対価（給料）に見合った最低限のことをすればよいと考える[165]ので、自己の最大限の能力の発揮は見られないし、責任感や使命感もそれほど強くはない。そして、これは、西洋を中心としてわが国においてもよくみられる考え方である。この立場に立った場合には、多くの時間働かなくてはならない人生は地獄のようなものであろう。

㋑　労働職人説

「労働職人説」とは、どちらかといえば、東洋的な考え方で、本業としての労働は、トップ・ダウン型とボトム・アップ型[166]との中間的なもので、例えば、陶工、大工などの職人や専門職の人などによく見られるもので、確かに生活の糧を得るための職業として働くという側面はあるもの

---

[165]　給料以上に働くことは、自分にとって損である、と考えるものである。
[166]　下から自主的に仕事を行うもの。

の、同時に仕事は善であり、自己の仕事を作品と考え、良い仕事をすることに、自己の誇りを持ちながら働くという自らの意思や自主性があり、積極性、「やり甲斐」や「やる気」のある考え方である。そこでは、仕事において良い結果を出すことや責任を持つことが重視される。ここでは、自らやる気があるので、仕事に対する創意工夫が見られ、仕事と共に自らの技能や人間としての成長も同時に感じられるものである。

　この観点からすれば、労働は、確かに一面において辛い側面はあるが、それをあまり苦痛とは考えず、むしろ自発的に良い仕事をすることに喜びや満足を見出す側面も同時に持ち合わせている。それゆえ、良い仕事をするために、労働時間は短いほど、また給料は高いほど良いとは必ずしも考えないものであり、仕事による技能の向上や自己の人間性も成長している、と考えるものである。このような、どちらかというと東洋的な考え方を持つ人もかなりいる。これは、自己実現の考え方と整合的な考え方である。この考え方の下では、一般に自主的に仕事をしているので、そ

れなりの自己の能力の発揮がなされている。

ⓦ　労働使命説

　「労働使命説」とは、本業としての労働は、基本的にボトム・アップ型のもので、自己の信念や哲学として社会をより良くするために、「社会貢献や社会を繁栄させることが自分の夢や使命である」と自覚し、その仕事が好きで、奉仕の心で働くという人の働き方である。そして、自己の仕事を、社会をより良くするという社会貢献のために、必要とされる自己に与えられた使命や生き甲斐[167]（「天職」）と考えて、働くという利他的なものである。簡単にいえば、例えば、中村哲、マザー・テレサや稲盛和夫のように、仕事とは社会に役に立つことであり、それを通して、人を喜ばせること[168]が自分の夢や使命であるという「天命追求型」の生き方である。

　この観点からすれば、労働は辛い側面も多いが、笑顔で

---

[167] 働き甲斐ともいえる。

[168] サービスの提供を受け、喜んでいる人から見れば、マザー・テレサのような人は、天使であり、観音様のようなものである。

迎えられ、喜ばれ、心の交流がなされ、共生しているという自他一如的な状態にある自分に与えられた使命を果たすことに、心の安定と幸せをそこに見出すものである（「労働快楽説」）。

　それゆえ、これは、仕事を、お金を得るための職業としてではなく、自己の夢として、自ら燃えながら、魂を込めて行うものであり、自己の使命を主体的に果たすという信念に基づくものであるために、労働時間の長短や報酬の高低をあまり問わない。時には、例えば、「ねむの木学園」の宮城まり子や「しいのみ学園」の昇地三郎などのように、自分の夢を実現するために、私財を投げ打って、それを行うことも珍しくはない。つまり、これは、お金に使われるのではなく、反対に「お金を使う働き方」である。これは、社会貢献という利他的なものであり、自己完成の考え方と整合的である。この考え方の下では、やり甲斐のある仕事を、使命感を持って行っており、モチベーションが高く、「やる気」があるので、勤勉で誠実な自己の最大限の能力が継続的に発揮され、人間としてさらに成長がなされる。

と同時に、もし他者との協働である場合には、それぞれの能力が生かされ、シナジーが発揮され、社会の繁栄にも貢献することとなる。このように、社会に貢献できる人の人生は、とても尊く、自己の進化向上によって幸せにもなれるものである。

（3）積極性

積極的については、既に第3章8「積極性」のところで説明しているので、それを参照されたい。

（4）実践力
①　実践力の意義

ここで「実践力」とは、あることを行おうとしたとき、それを実際に行う能力のことである。これまで説明してきたように、心の法則に関する実践を伴わない単なる知識は、「絵に描いた餅」と同じで、人生には何の役にも立たない。その知識を信念化し、日常の習慣として常態化し、実践することによって、初めて現実の人生に役立ち得る本当の智

慧となる。

　この実践力は、肉体的な能力、心の能力及び知識や技能[169]を含む総合的なものである。例えば、知的な能力開発に関しては、「少(わか)くして学べば、則(すなわ)ち壮(そう)にして為(な)すことあり　壮にして学べば、則ち老いて衰えず　老いて学べば、則ち死して朽(く)ちず」（佐藤一斎）である。

　このように、能力や実践力は、身に付けるように努力すれば、段々と向上してくる。そして、現代社会においてはこれらを得るために、多くの教育や技術指導などを受ける機会が与えられている。このように、夢や志を達成するためには、あらゆる方面での実践力を身につけることが必須である。なお、この実践力に関連する主な心の法則は、一切唯心造、積極性、健康や潜在意識の法則などであり、積極性を発揮し、心身ともに健康であると同時に、潜在意識を上手く活用することが、実践力を発揮する前提となる。

---

[169] これらは、一種の非常に大切な道具であり、それらを正しく使うことが必要である。

②　実践力としての三断力

　人生を幸せで成功したものとするためには、「六自力」と「六思力」を基礎として、具体的な実践力として、図表13－6のように、「判断力、決断力、断行力」という「三断力」が必要である。このうち最も大切なのが、因果律の観点から正しい判断力、すなわち正しく適切な判断を行うことである。これは、幸福の方程式でも、正しい考え方が最も重要であったのと同じである。なお、社会経済がグローバル化し、変化の激しい現代にあっては、これを迅速に行うために、「即断（即判断）・即決（即決断）・即行（即断行）」という「三つの即断力」も必要になってくる。

図表13-6　三断力

　「判断力」は、私情を離れて、本心良心に基づく正しい判断を行う能力であり、正しく適切な方向性を示すものである。この場合、正しい現状についての事実認識と本心良心

に基づく正しい価値判断が大切である。次に、その正しい判断に基づいて適時・適切な決断ないし選択を行うという「決断力」ないし「意思決定力」が必要になる。さらに、実社会においては、このように、適切に決断された内容を、最後まで断固としてやり抜くという信念を伴った不屈の実行力としての「断行力」が重要である。どのような状況においても、何としてもそれを断行するという覚悟と気概を持って、誠実にそれを行えば、普段では考えられないような良い結果が得られることも多い[170]。

　人生は、一瞬一瞬の判断、決断及び断行の連続である。岐路にあたってどのような道を選ぶかで、幸せになれるか否かが決定する。感情に惑わされずに、常に深い理性に基づく正しく適切な判断と決断をし、それを断行するという行動主義に基づく積極的な生き方が大切である。このよう

---

[170] なお、実践に当たっての行動パターンには、例えば、一定の目的に沿った「目的適合的行動」、一定の価値に沿った「価値適合的行動」、その会社や社会の伝統に従った「伝統的行動」、その人の理性に従った「理性的行動」及びその人の感情に従った「感情的行動」などがある。このうち、現実には、その時々のＴＰＯ（時・場所・機会）に応じた適切な行動をとることが必要である。

に、すべてのことは、できるかできないかではなく、一心不乱に覚悟を決めてやるかやらないのかの問題である。いわゆる「為せば成る、為さねば成らぬ何事も、成らぬは人の為さぬなりけり」（上杉鷹山）である。

（5）縁

縁は、他者や環境との関連であり、幸せや成功に非常に大きな影響を及ぼす。換言すれば、この縁は、非常に大きな力があり、その人の運勢に絶大なる影響を与える。すなわち、この世の中分離独立して自分1人で別個に生きているのではなく、必然的に他者との人間関係が生まれてくる。この人間関係は鏡のようなものである。そこで、豊かな心を持ち、密接なコミュニケーションを通じて、昔から重視されている「一期一会」という考え方に基づき、他者との出会いを大切にし、慈愛を持ってそれを育て上げて、常に自己と相手の相違点を尊重し、ウイン・ウイン関係にまでを発展させ、シナジー効果を発揮し、お互いが幸せになれるようにすることが大切である。

また、善い縁を出来るだけ多く作り出し、それを育てるためには、人徳を高め、自己に「人間的な魅力[171]」をつけることが大切である。なお、一般に「運がいい」というのは、ここでの「縁がいい」ということに置き換えられる。この縁に関連する主な心の法則は、因果律、一切唯心造、自他一如、慈愛、本心良心及び積極性などの法則であり、縁を大切に育て上げることが大切である。

2　自己完成と最高の生き方

　以上のように、人生においては、心の法則を自覚的に捉え、慈愛や本心良心に従って三断力を持って実践することが、幸せを生み出す原点となる。

　人生の理想的な生き方の一つとしては、例えば、次のようなものが考えられる。

①　因果律などの法則や自分の夢に信念をもつこと。すなわち、常に法則を確認し、自己の大きな夢を積極的に追い

---

[171]「魅力」とは、その人に「また会いたい」と思わせるような資質のことである。また、「素敵な人や価値のある人」と言い換えてもよい。

求めること。

②　直観力を磨くこと。つまり、日常的に物事の本質や真理を正しく見抜く直観力を磨き、常に正しい判断や意思決定が行えるようにすること。

③　学び成長（進化向上）し、自己完成を目指すこと。言い換えれば、常に高い倫理観を持ち、自己をコントロール[172]する心の練磨を怠らず、慈愛を持って考え、行動し、他人に喜ばれ、試練などから積極的に学ぶことによって成長し、「自己実現」と「社会貢献」を同時に達成するという「自己完成」を目指すこと。

　人生には、このような夢を持って生き生きと人生を送れる「生きる力」と「生き方」が大切であろう。言い換えれば、図表13-7のように、日常の生活においては、これま

---

[172] どのように自己を統制（コントロール）するのかが問題となるが、考え方の1つは、例えば、次のように、本当の自己（真我）とは魂（spiritないしsoul）であり、心（感情：mind）や身体（body）は、魂が思考し、活動するための手段（道具）と見る、というものである。このように考えた場合には、道具である心身は、「常に最もよく切れる最良の状態に保っておく」必要がある。すなわち、心は、揺れ動く感情ではなく、深い理性が働き、他方、身体は、適切な運動と食事で健康を保っていることが必要であり、これこそ心身が最も上手くコントロールされた状態である。

で説明してきた心の法則を前提として、「六自力」と「六思力」を持って思考を巡らし、自己の夢や志に向かって完全な積極性を発揮し、「三断力」で実践を行う。この際、他の人や環境に対しては、自他一如の観点から慈愛や利他を起点として考え、行動することによって、良縁の増加による運勢の向上を図りながら、夢や志の実現と社会貢献を同時に達成するという自己完成を目指して努力する。その結果として幸せや成功が付いてくる。

図表13-7　自己完成と最高の生き方

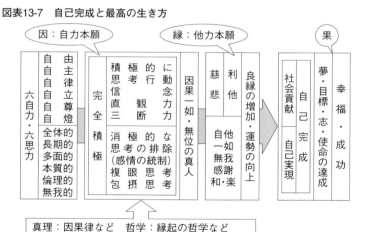

©岩崎勇

むすび

　以上のように、本書では、人生には「心の法則」が存在し、その法則と調和して生活をすることによって、幸せになれる、ということを示すものであった。

　ここで「幸せ」とは、一般的にいえば、適度にお金があり、健康で、平和で苦しみのない状況で、満足したときや楽しいときなどに感じるものである。

　また、「人生における五つの重要事実」である、「現在、此処、自分、一回性及び志」ということをはっきりと自覚して、しっかりとした死生観とそれに基づく夢や志を確立することによって、尊い人生を有意義に送りたいものである。

　そして、本書における心の法則は、自然に関する物理法則と同様に、心の法則が人生において確かに働いているというものであった。ここで重要なことは、これらは、法則なので普遍性があり、どのような民族にも、どのような時代にも、また、老若男女の区別なく共通的に適用されるという性質のものであった。したがって、これらの法則に従

い、これに調和して生活すれば、長期的な人生において幸せになれるし、成功することもできる、ということを明確にしてきた。

　本書においては、根本的な考え方として、心の姿勢が人生のすべてを支配し、造り出している（一切唯心造）という立場を採用している。そして、幸せになるためには、「幸せになれるような生き方」が非常に大切であり、幸せになるための正しい心の姿勢を示すのが「心の法則」であった。そして、因果律を始めとする健康、一切唯心造、自他一如、慈愛、感謝、本心良心、積極性、潜在意識、空の各法則について解説を行った。この中で最も重要なものは「因果律」であり、実は人生においてこの因果律さえしっかり自覚し、実践すればよい、ということを明確にしてきた。ただし、人生のそれぞれの具体的な状況においては、それにどのように対処したら良いのかを具体的に示すものが他の法則であった。したがって、正しい法則に正しく従って、それと調和した生活を送ることこそが大切であった。

　最後に、これまで説明してきた心の法則を前提とし、稲

盛和夫の成功の方程式を参照して、それらを方程式の形に簡単に再構成した「幸福の方程式」について説明した。この幸福の方程式それ自体が心の法則の全体的な内容を持つ因果律を示していた。また、これは「成功の方程式」でもあった。このように、幸せになるためには、幸福の方程式の内容の実践及びその実質的な内容である心の法則に従うことが王道であることを本書では示してきた。一人でも多くの読者が、正しい心の法則に目覚め、これらを日常の習慣として実践することにより、自己の進化向上によってさらに成功し、幸せになることができれば、甚だ幸いである。

　最後までお付き合い頂き、感謝の気持ちで一杯である！
Be happy!

なお、本書に関する感想・講演会などについての問い合せなどは、出版社を経由するか、または下記のホームページを参照して下さい。
http://saita2.sakura.ne.jp

著者紹介

岩崎 勇（いわさき いさむ）

略歴
明治大学大学院経営学研究科博士後期課程単位取得
現在：九州大学名誉教授・大阪商業大学特任教授・岩崎人生哲学研究
所所長　会計理論学会理事・グローバル会計学会常務理事・日本会計
史学会理事・財務会計研究学会監事等

著書論文
『基本財務会計』、『IASBの概念フレームワーク』（編著）、『IFRSの概
念フレームワーク』、『キャッシュフロー計算書の読み方・作り方』、『経
営分析のやり方・考え方』、『新会計基準の仕組みと処理』、『新会社法
の考え方と処理方法』（以上、税務経理協会）、（文部科学省検定済教科書）
『新訂版原価計算』（監修：東京法令出版）等の多数の本、及び「IFRS
の概念フレームワークについて―最終報告書」（編著：国際会計研究学
会　研究グループ）、「会計概念フレームワークと簿記―最終報告書」（編
著：日本簿記学会簿記理論研究部会スタディ・グループ）等の多数の
論文

その他
税理士試験委員や福岡県監査委員を歴任、FM福岡QT PROモーニング
ビジネススクール（講師）、また会計、税務、コーポレート・ガバナンス、
監査、哲学等のテーマで講演会等の講師を務める。

幸せになれる「心の法則」

2020年9月9日　第1刷発行

著　者　　岩崎 勇
発行人　　久保田貴幸

発行元　　株式会社 幻冬舎メディアコンサルティング
　　　　　〒151-0051　東京都渋谷区千駄ヶ谷4-9-7
　　　　　電話　03-5411-6440（編集）

発売元　　株式会社 幻冬舎
　　　　　〒151-0051　東京都渋谷区千駄ヶ谷4-9-7
　　　　　電話　03-5411-6222（営業）

印刷・製本　シナジーコミュニケーションズ株式会社
装　丁　　坂本理絵

検印廃止
©ISAMU IWASAKI, GENTOSHA MEDIA CONSULTING 2020
Printed in Japan
ISBN 978-4-344-92997-5 C0095
幻冬舎メディアコンサルティングHP
http://www.gentosha-mc.com/